鸣谢：

上海市教师学研究会

上海市中小学幼儿教师奖励基金会

教师学视野中的

人与道

吴国平 著

上海教育出版社

师也者，教之以事而喻诸德者也。

——《礼记·文王世子》

教育是把人的灵魂用力往上拉，引向真理世界；
知识、技能是帮助灵魂攀升的阶梯。

——于漪

目录

自序 .... 〇〇一

引言 .... 〇〇一

内篇

一 立人——为师的根柢 .... 〇〇一

二 确立教育认知 .... 〇一七

三 理解教师身份 .... 〇二〇

四 赋值教育的艺术追求 .... 〇三四

五 师行如歌 .... 〇六九

六 提携后生 .... 〇七八

七 为尊师重教立言 .... 〇八六

八 创建教师学研究会 .... 〇九六

跋

外篇

一 江南多士子 一〇五

二 生于斯，长于斯，雁过留声 一〇七

三 一笔一画字，踏踏实实人 一一二

四 最后一课《苏武牧羊》 一一六

五 流离失所思家国 一二〇

六 孤岛知生活 一二六

七 『学点本领，做个好人，孝顺妈妈』 一三三

八 出门求学，立身三条 一三七

九 迎风向前，无畏背纤 一四三

十 涵泳是一种教养 一四八

十一 从『一切为民族』到『夜深千帐灯』 一五三

十二 讲台上空无一人，脑海中岂止师影 一五六

十三 日月光华，旦复旦兮 一六一

十四 夫子黄老师 一七〇

一八三

一八七

002

自序

　　教育现象自古就有，关于教育的学问虽算不上显学，却是古今中西都离不开的一门学科，只是中西都有自己的认识。

　　一百多年来，关于教育问题的讨论，基本上是沿着教育学（英语国家的"pedagogy"、法语国家的"pédagogie"、德语国家的"pädagogik"，均源于希腊语"pedagogue"，即"教仆"一词，意为照看、管理和教育儿童的方法）的认识来进行的。它对中国现代教育制度的建设起到了奠基的作用，也对中国社会的进步起了积极的推进作用。问题是，这与汉语"教育"的本义有区别。孟子的"得天下英才而教育之"（《孟子·尽心上》）中的"教育"是复合语，实为"教之""育之"；

在汉语里看护和管理儿童原不在"诲人"范畴，更不在"教"的认知范围，而后者恰是古人对教育的认识。词语含义有别本不足为奇，原本"存在"便不同，中国社会自始至终都不是西方社会，恐怕也不会成为西方以为的社会。相应地，中国的教育无论如何都表现出本土的特征，又多少积累了一些本土经验，有识之士也没有放弃以中国特有的方式来认识和指导教育实践，但归结起来看还脱离不了教育学的模式及其变式。

导致中西教育认知差异的因素应与各自历史文化传统有关。

西方"教学—课程"理论的兴盛，既有文艺复兴、启蒙运动带来的文化背景，也有科学革命带来知识生产加速的因素，使知识性质、生产程度完全不同于其他区域，更有近世以来教育与社会生产的频繁高效互动等因素，以至于西学东渐，这些思想认知渐次成为各国现代教育的基本格局。问题是，西方的这套教育学说远谈不上成形。早在20世纪初新教育运动的崛起便是一种符号，表明既有的教育模式需要调整；到60年代李普曼（Matthew Lipman）更是直截了当地指出，现行教育对于存在的种种失误并没有透彻的认识，所采取的都不过是各种"修修补补";随即伊利奇更是语出惊人地提出"去学校化社会"（Ivan Illich 伊万·伊利奇，吴康宁译：《去学校化社会》）的主张，试图以"去掉学校"的学习化社会改变教育和社会；以迄于今，频受世界关注的芬兰教育模式，莫不表明既有的教育学的一套认识与规范，在西方依然处于调整的进程中。看清楚这些才会对甚嚣尘上的各种教育"热潮"淡然释怀。

若要弄清作为西学的教育学，免不了要对学科作必要的考察。学科，系指相对独立的知识体系，其核心是知识，标志是独立性和系统性。毋庸讳言，没有知识，学科无从谈起；有知识，但若无法与其他学科区别开来，或者知识不成体系，也就谈不上是成熟的学科。可见，知识是学科发展的前提。

知识，英语为"knowledge"，指认识客观世界的实践成果，表明知识是从实践中来到实践中去的过程，"用"——解决问题——是判定知识的唯一标准。可见，人们对于自己生活的环境出现什么情况、怎么看待这些情况、如何解决遇到的困难、最后形成什么经验，这就是知识。古人称"知"，或"智"。要问的是，这里的"知"是什么？子曰："由，诲女知之乎！知之为知之，不知为不知，是知也。"（《论语·为政》）孔子在这句话里用了六个"知"，有两个含义，一个意思即"知道""知晓""晓得"；另一个"知"通假"智"，即智慧。"知"的前一层涵义与认识活动有关；后一层涵义与认识程度有关。而古人"知""智"不分的认知特点倒是大体反映了"knowledge"的含义，所以后人用"知识"去对应"knowledge"。

什么时候开始我们把"知识"理解为"知"，又进一步把"知"窄化为"知晓"，这恐怕不是知识考古学的使命，而是西学东渐和白话文的结果，问题是当"度娘"成为一个时代的符号，还有多少人认为知识是袁隆平在田野中的手段和能耐？可以说今天这个时代，无人不"知晓"，却很少有人在乎那些"知"不过是世界的表象，而真正关心这些表象背后的问题及其化解经验的"智"就更少了。滑稽的是这个时代竟然被恭奉为普遍有"知识"的年代，于是多少人都乐于陶醉在狂拍胸脯的高潮中，满足了"我们家也曾经阔过"或者干脆"正在阔着"

的自嗨，全然无视学校教育对于一减再减的无奈和民众对于教养品质的渴望。早已不年轻的教育学学科就站在这样的事实旁边。

教育学原是一个早出的学科，本意是一门对"教—学"行为进行规范的理论，初期受欧洲大陆科学主义的影响，"教育学作为一门科学，是以实践哲学和心理学为基础的"（赫尔巴特），却发现"教—学"行为经不起"实证科学"的检验，于是到了新大陆有识之士改换门庭，试图通过课程跑道来约束"教—学"行为。问题是无论"教学"还是"课程"，都不足以科学地解决"教—学"行为中的多种变量，这些变量主要包括授业者、学习者、授业目标、学习目的、授业内容、授业形式、评估手段等，可以说这些因素不仅自身变化不定，并且相互之间牵一发而动全身。这就是为什么，自1905年"新学"开启以来，我们师日、师美、师俄、师欧，学了个遍，却依然没有出现一个理应受到尊重的教育学，而受到困扰的不仅是我们，环顾四海，其实是这个学科普遍的境遇。这，大概是作为科学的教育学的宿命吧，除非有一天AI昂头站在我们的面前，使这位教育学徐娘重焕活力。

这么说，并无歧视教育学的意思，正视现实，才能承担起我们这一代教育学人的使命和责任。建设教师学，就是这一行动的体现。

———— ✤ ————

中国固然缺少自己的教育理论，但并不缺教育思想。西方教育学受政治哲学的规约，中国的教育认知同样从政教合一思想中析出，说明中西对于教育功能和性质有着相近的认识，但此后演进路径则大相径庭。虽然双方在源头都有各色之"艺"，前者沿着"七艺"走到"教学—课程"领域，并逐渐发展了一套基于教养的、相对成熟的话语体系和实践指导要求；后者对"六艺"的认知则停留在"功课"层面，几未涉及"教学—课程"，但却突出地强调"师"。虽然古人的"师"有别于今日的"教师"，但是"重人轻物"却是核心特征。古人认为事情是人做的，引导授业者比建立授业规则更重要，这就是中国的"师道"文化。我们都知道，中国传统既没有教育学，也没有课程教学论，但是中国并不缺少教育实践，甚至还形成了不少有益的教育原则，中国有自己独特的教育文化。教育学家陈桂生先生将传统中国的教育特点概括为"师资文化"，给我们留下了深入思考的空间。

反观中国教育实践的文化传统，古人以"天地君亲师"来表述个体所受影响的五大元素。"天地"归于自然范畴，另论；"君亲师"是人际关系。"君"作为天下精神的代表不可或缺，但因其高高在上，对子民影响一般是通过思想观念，庶民难以企及；普通民众可以触及的只有"亲"与"师"，不难发现，这两者对个体的影响最真实。今人都以此强调"师"地位之高，其实，古人一度忌以"师"自居。孟子就曾说过"人之患在好为人师"（《孟子·离娄上》），魏晋之际的士人绝不敢"轻自言师"，即令是韩愈作《师道》也被一些士人讥讽，柳宗元在《答韦中立论师道书》中描述了当时的情形："今之世，不闻有师，有辄哗笑之，以为狂人。独韩愈奋不顾流俗，犯笑侮，收召后学，作《师说》，因抗颜而为师。世果群怪聚骂，指目牵引，而增与为言辞。"可见"师"背负着何等重大的社会历史责任，士人也才以"但开风气不为师"自勉。

"师"之地位的提升，是宋明以后维系家国天下的需要而逐渐形成的。对于庙堂，它是维系万邦盛世的重要力量；对于庶民，它寄托了修身平天下的抱负，遂有

传世名言："弟子事师，敬同于父，习其道也，学其言语。……一日为师，终身为父。"（《鸣沙石室佚书·太公家教》）这里也可以看到，"师"通过自己的言行影响弟子的人生观与天下观，这既是古人一贯的教育认知，又与西方教育学的理论相契合。尤其是当"知—行"分离日益成为当代授业模式中令人困扰的问题的时候，传统文化中的"师者"及其影响方式越益值得我们发掘分析其中的合理元素。不难想象，在这样的"师"文化中，授业者固有的素养是不可或缺的先决条件；师者身份与地位是其发挥价值引导的必要条件；道在其中的言传身教是影响弟子的基本途径，借用现代时尚表述这是一种"同框"生活，转换为专业话语它就是"同框修行"。

———

建设中国自己的"教师学"是于漪先生发愿的事业，她在获"人民教育家"荣誉之后，更是一再表示愿意"以自己为原点研究新中国教师"，其胸怀和气度令人敬仰，而以何种视角研究便是一个值得思考的问题。

于漪先生从事的是由"西学"而"新学"发展过

来的"人民教育"事业，其间有源出西学的教育学，她本人正是受我国第一代教育学人的授业和熏陶成长起来的，而于漪先生在潜移默化的成长和生活历程中所表现出来的特质和情怀，毫无疑问可以成为中国人的代表。无论是她要求自己并题写给第二师范学校的校训"一身正气，为人师表"，还是她提出的"教育，一个肩膀挑着学生的现在，一个肩膀挑着祖国的未来"，抑或是"一辈子做教师，一辈子学做教师"等，都反映着中华民族优秀儿女爱国敬业、自律进取的品质。因此，以教师学视野来考察和研究于漪先生是再合适不过的一项工作了。本书以于漪先生为原型，为师，以"立人"为宗旨剖析了师者的内在素养；求师，以成长历程为线索解析了师者的基本品质；尊师，以弘道为使命展现了师者的不懈追求。辅之于人种志视域下的历史文献素材，试图还原一名师者的成长要素。

　　本人所在的上海师范大学现代校长研修中心在陈永明教授领衔下，以教师教育学科建设为鹄的，历十五年，已成为国内教师教育学科重镇，值此得以于漪先生为范本作教师学研究剖析，想必将使师生同侪奋力推动我国教师教育的与时俱进。不必讳言，"师"得以冠名在从教者身上，是人民政府对实际之"教员"的一种激励，以"教员"也好，以"教师"也罢，研究并建构中国的教师学正逢其时。

鉴于本人学习水平和能力有限，以及教师学建构的初创，错谬不当之处在所难免，敬请方家不吝指正。

壬寅年七月
于沪上会心斋

在汉语中，"师"的本义为"效法"和"值得效法的人"。从教未必为师，为师多通过从教。于漪从教逾七十年，在漫长的教书育人过程中坚持以"智如泉源，行可以为表仪者"的标准要求自己，终成一代人师楷模。于漪为师从"立人"出发，其示范并塑造的是"一个挺直脊梁的、大写的中国人"，并基于此建构教育认知和师者立场，进而成功地赋予育人实践以价值。于漪全身心地把自己化到了为师的身份中，"师"所蕴含的社会、文化成分渐渐被于漪所内化，最终成就了我们这个时代一位名实相符的、鲜活的师者。

引言：师与中国传统文化

　　人们今天将从教的人称为教师，日久天长，约定俗成，似乎没有异议。实际上，教师是近代以后才出现的称谓。历史上并没有"教师"一词，也没有专门从事"教"的"师"。师，更确切地说是政治家。韩愈的"师者，所以传道受业解惑也"与其说是对授业者的要求，不如说是对政治家的要求。当然这里的政治家不是亚里士多德意义上的，也不是现代文明意义上的，而是维系宗法社会伦理的各级君卿士儒，所以古时候有道统、有政统、有学统，但就是没有教统。"教"，在中国古代没有独立的地位。古人常言"半部《论语》治天下"，但在《论语》中几乎没有论及"教"，而是反复不断地提及"学"，所以后人讨论"教"多从荀子说起。

　　说历史上我们没有教师，但是能不能说没有教育呢——恐怕不行。那么我们是怎么体现"教"的呢？古人的"教"隐在政治中，常常以教化的形式出现。道统，代表家国天下的儒法理想；政统，接近于制度安排；学统，反映着对儒法社会及其制度安排的体认。"三统"合起来处理宗法社会的家国事务，处理好了，天下一统，

荀子（约公元前313—前238），名况，字卿，战国末期赵国人，著名思想家、文学家、政治家，儒家代表人物之一，时人尊称"荀卿"。曾三次出掌齐国稷下学宫的祭酒，后为楚兰陵（今山东兰陵）令。荀子主张性恶论，常被与孟子的性善论比较。

"以善先人者谓之教，以善和人者谓之顺；以不善先人者谓之谄，以不善和人者谓之谀。"（《荀子·修身》）荀子用立界的训诂方式，通过对举来辨析事物本质。他指出，用善性引导他人那是教导，以善性附和他人则是顺从；而对他人出于非善性的引导是奉承，对他人出于非善性的附和是谄媚。

《说文解字》

国泰民安，就是好的政治，也是对理想的家国天下思想的示范；反之，处理得不成功，则天下大乱，内忧外患，政治失败，理想的家国天下价值示范宣告失败，改朝换代总是以"替天行道"为借口就是这个原因。所以在中国古代表现出来的是"政教合一"，"教"，隐在政治中——所谓"天下兴亡，匹夫有责"。其中，所虑的兴亡不在于一家一族的利益，而是理想社会的价值；所担之责也不是个体的牺牲，而是匹夫身上所内化的天下道义。就此，政教合一把社会的价值和个人的行为糅合在政治—教化之中，将对理想社会思想价值的弘扬同个体的修为与责任建立起了联系。所以荀子提出"以善先人者谓之教"（《荀子·修身》），"教"就意味着个人的社会表现比别人更优秀、更值得示范。子思说"修道之谓教"（《中庸》），认为"教"就是修道，强调的同样是"教"的社会表现。可见，中国古代不仅没有今天专门从事"授业"活动的"教师"，连教育活动也都是通过政治性的社会活动得以体现。①

---

① 吴国平. 从历史中走来的上海教师 [J]. 上海教师，2021(1)：25-28.

孔子讲学图

从师名称谓的演变来看，近代意义上教师的出现是西学东渐以后的事情。民国初期，最早的称谓是"先生"。为什么叫先生，先生觉后生，先学觉后学，闻道有先后，术业有专攻，"三人行，必有我师焉"，教育的真谛在于躬行和觉悟。先生后生之别只在于时间的前后和程度的差异，都在行与悟的进行过程中。所以古人一度嘲讽那些自诩为师的人，以好为人师为负面警策。可见，"先生"通过示范"善"彰显"师"的本义，至今都是人们对德高博学者的敬称。沿袭在民间的还有"教书先生"一称。"书"在历史中有狭义、广义之分，最早专指《尚书》；此后也指称四书：《大学》《中庸》《论语》《孟子》。那时的书都是刻制在竹简上的；再到后来随着印刷技术的出现，把经过装订印制在纸帛上的文字称作书，及至今日各类形式的书已是目难尽收。试想，狭义、广义之书所承载的知识和学问之深之多何人能传？只能靠个人治学，靠个人修行。"教书"表明谋生形式，"先生"揭示治学修行的进阶——以"善业""善德""善觉"启"后生"的"先人"而已，这就是荀子"以善先人者谓之教"的道理。由此，也就容易理解世人所谓"后生可畏"是对"先生先觉"的必要补充。

位于齐国国都临淄（今山东省淄博市）稷门的稷下学宫是中国古代最早的官办学府

"惟楚有材，于斯为盛"的岳麓书院

及至民国中后期，人们对授业人员称"教员"。为什么呢？这是因为出现了专门开展教学活动的新式学校，有了专门从事授业的人员。教员的任务就是讲得清楚，教得明白。讲解是教员的外在能力，知识修养是教员的内在品质，讲授清晰就是教员的本事和能耐。"先生"和"教员"这两种称谓在我国的台湾和同为东亚文化圈的日本沿用至今，且经常交叉使用。

从教的人可以称师，那是新中国成立后的事。它体现了人民政权对教育工作意义的高度认识，把从教人员的身份提到了从未有过的高度，从事教职可以为"师"——传统社会身份地位最高的群体。这样的师，自然代表人民的根本利益，因此它理所应当就是人民教师。继之，又有人民教育家的称谓，用以激励从教者不断进取。冷静地看，师也好，人民教师也好，这些都是对从教者的应然称谓，却未必是普遍的实然状态。

从历史中走来的教师，就是从帝王之师，再到先生觉后生的"先生"，从只重知识传递的教员而到引导民众的人民教师，至今又诞生了人民教育家，它为中国教师的发展书写了一条清晰的历史画卷。

北京国子监街。晋武帝司马炎始设国子学,至隋炀帝时改为国子监。唐宋之际,国子监统辖国子学、太学、四门学等,各学皆立博士

　　值得一提的是,在西方没有"师"这个概念,只有政治家、艺术家之流,却不见"授业家"之说;相应地,"教师"也不是对"teacher"的翻译。西方教育学里边也没有传道、授业、解惑的从教要求,好的从教者是激励学生自己学习。社会学家沃德就将教师分为四类:平庸的老师传授知识;水平一般的老师解释知识;好的老师演示知识;伟大的老师激励学生去学习知识。无独

有偶，在近代中国私塾里的先生，也很少"开讲"，"读书"都是"生徒"自己的事。就此来说，实际上的教员用传道、授业、解惑的政治家标准要求自己，那确实不是别人的高尚，而是我们自己的热情。[①]

与西方的教育实践显著不同的是，中国古代的教育实践不可谓不丰富，却并没有演化出课程论、教学论，而是形成了一系列的"师论""师道"，这在西方的教育学建构中未曾见过。从"六艺"到"四书五经"，可以看到古人并不缺少课程意识；至于"不愤不启，不悱不发""禁于未发之谓豫，当其可之谓时，未陵节而施之谓孙，相观而善之谓摩"等，表明古人也不缺教与学的领悟。在这样的背景下古人突出地强调"师"，显示出中国传统教育对于人，尤其是教育者的高度重视，这是真正的中国经验。那么，这样的经验有没有在现代化的进程中湮没了呢？我们以为非但没有消失，反而随"教研组"等这些西方主流教育中少见的形式得到不断的强化。或许有人会对"教研组"提出疑问，认为它是俄国教育的产物。只要我们深入教研组考察就能发现中国的

---

①吴国平. 从历史中走来的上海教师 [J]. 上海教师，2021(1)：25-28.

坐落于江苏无锡的东林书院始建于北宋。明朝万历年间，东林学者顾宪成等人提出"读书、讲学、爱国"的主张并在此聚众讲学，一时声名大噪，成为江南地区文人议论国事的舆论中心

教研组和俄国的教研组的本质区别，而这种区别背后的机理很大程度上在于中国和西方在对待人的认识问题上不同。在我们看来这种观念的差异，上可以解释国与国政治架构的殊异，下应当成为我们分析学校教育层面教育者功能与特征的有益视角。[①]

---

①吴国平. 在专业行走中触摸上海教师 [J]. 上海教师，2022(4)：36-39.

内篇

他所研究的是某种思想，而要研究它就包括要在他自己身上重演它；并且为了使它得以出现在他自己思想的直接性之中，他的思想就必须仿佛是预先就已经适合于成为它的主人。

——［英］罗宾·乔治·科林伍德

于漪从教逾七十年，除了总务主任外，从事过学校所有的工作岗位；教过初中，也教过高中；当过师范学校校长，也当过重点高中校长；任职过"中语会"副理事长，也兼任过上海市人大教科文卫委员会副主任委员。于漪先后获得过特级教师、全国教书育人楷模、人民教育家等荣誉无数。

于漪身上有许多光环，这是引许多人迷离的东西，却是于漪自然流淌的身段。她自己本人决计不会为那些迷离的东西所惑，就像舞台上的京剧名角，不会为一身上下的华丽所羁绊，却着力将人物的艺术价值传递给观众。至于台下的观众，看热闹的总会围着那些华丽的外形喝彩，看门道的才会随演绎者一起步入艺术的世界。由此思之，"著名特级教师""著名语文教育专家"，

2019 年在于漪家的客厅。左起依次为：上海教育出版社副社长刘芳、于漪、作者、上海市教师教育学院党委书记周增为

以至于"人民教育家"等光环皆非本书之研究任务，这是教师学视野下人种志研究应取视界所决定的。需要说明的还有一条，上述京剧、舞台是用来表明考察的视角，绝无把为师与表演相提并论的初衷，于漪从教更不是演戏而是为师，是以"师者于漪"为正题。

"从教"与"为师"，是两个相互联系却完全不同的概念。从教未必为师，为师多通过从教。八点入校、五点离校者中为了一份教职的人不在少数，进入课堂、走在校园被学生们唤作"×老师""老师好"，日复一日、年复一年便习以为常地认定自己就是"师"了，其实不过是谋了一份教职养活自己和家人。须知，在汉语里"师"乃"效法"和"值得效法的人"，"三人行，必有我师焉"此之谓也。是以自古以来与"师"相配的角色无不令人尊敬。不少人或碰到过一个颇觉尴尬的场景：当我们遇到一位令人尊敬、有身份却非从教人士时会为如何称呼迷惑，一个爽朗的经验便是称对方为"×老师"，其教养便在于体现了"师"的本义。在我国，直到 20 世纪 50 年代为了提升从教者的社会地位，才把原来的"教员"隆重地称呼为"教师"，意味着从教的人不再只是一个普通的身份，而是可以成为别人效法的对象。至于从教的人是否展现出令人效法的手段和品质，那应是区分从教者与师者的标志。从教是为师的一般手段和途径，为师又会增进从教的能力和品质，且从师者于漪平议入手。

由上海教育出版社、原上海市师资培训中心联合创办的《上海教师》集刊，于漪为刊物创刊题写刊名

一、立人——为师的根柢

解读于漪为师最核心的一把钥匙便是做人。

于漪很欣赏罗曼·罗兰说过的一句话："要撒播阳光到别人心中，总得自己心中有阳光。"要成为怎样的人，古往今来立志成事者无不是从灵魂中安顿下自己，进而得以安然行走于世间，唯后人常常以"英雄"涂抹圣贤，仰视其间便失却了真实。须知，世上英雄本出自凡人。议论做人问题，总绕不开价值问题，也就是人生观的问题。活着为什么，这是一个哈姆雷特式的问题，而人生观的确立总在遭遇生逢其时抑或生不逢时的社会、家庭及个人变故之后，一如曹雪芹、鲁迅，一如法国大革命与二战之后的西方知识精英。

出生于 20 世纪 20 年代末期的于漪，由于时代和家庭的原因，少年时便在头脑中清晰地确立了做人的基本底线。需要引起关注的是，这个时代走过来的，或者中途遭遇不幸的人，共同之处都是把做人和做中国人紧紧联系在一起，原因既复杂也简单。近代社会是族群社会，每个人的命运都是与族群的命运紧紧联系在一起的，这种心结以杨振宁在得知好友邓稼先为中国原子弹所做出

罗曼·罗兰，19—20世纪法国思想家、文学家。著有《贝多芬传》《米开朗基罗传》《托尔斯泰传》。其凭作品《约翰·克利斯朵夫》获1915年诺贝尔文学奖

的牺牲之后所表达出的不尽感慨为典型。可以说，贯穿于于漪人生的不二信念，就是她在各种场合一再强调的"要成为一个挺直脊梁的、大写的中国人"。毋庸置疑，这种信念背后的群像、群体占有绝对的主导性，相对而言，对于个体不叫牺牲，而是必要的隐忍和退让。疫情中的"屏牢"，话似粗，理实同，我们不也可以窥见其

中的身影么？这就是大写的武汉人，大写的中国人，大
写的人。大写的人，简单，最难。在于漪成长的年代，
挺直脊梁，首要的就是如何面对"洋"，这也是于漪从
教中十分关注、高度警惕的地方。陈寅恪在回顾自己的
一生后，把"未尝侮食自矜"视为告慰友朋的自豪。"侮
食自矜"者何？挟洋自重之谓。西学东渐以来，每个时
代都有挟洋者招摇过市的热闹，以迄于今，陈论立定于
特殊年代并著作等身便可见一代中国人的脊梁。其实脊
梁之于中国人，尤其是读书人，自有其传统。不只是梁
漱溟，有多少中国人以夫子的"三军可夺帅也，匹夫不
可夺志"对抗强权？脊梁不特是面对强权，还要面对贫
富、穷达，孟子之"富贵不能淫，贫贱不能移，威武不
能屈"同样激励了多少中国人！在西方还有布鲁诺的"在
真理面前半步也不后退"的追求真知的脊梁。脊梁概念
的丰富性除了传统的、一贯的一面，还有时代的、历史
性的一面，但在于漪走过的时代中，她做到了洁身自好，
表现出了一个师者的典范，这是于漪过人之品，亦是其
平常之处。

　　于漪从教始于 20 世纪 50 年代，完整地经历了前后
两个"三十年"。"文革"中于漪的工作生活虽也受到

孟子在与纵横家的信徒景春谈论"何为大丈夫"的问题中，提到了这著名的三句话："富贵不能淫，贫贱不能移，威武不能屈。"在孟子看来，真正的"大丈夫"不应以权势高低论，而是能在心中稳住"道义之锚"，面对富贵、贫贱、威武等不同人生境遇时，都能坚持"仁、义、礼"的原则，以道进退

冲击，但纵观于漪职业生涯并没有出现过简单的以前后两个三十年相互否定的情况。笔者一度希望在于漪身上看到却终未寻获，慢慢才明白，于漪心底有自己对教育是什么的清晰的认定。即便是在"文革"那个年代，主流的价值还是说教育学生成为社会有用的人，于漪也是遵循着这样的底线引导教育学生的，甚至把一个被大家认定是"小偷"的学生接到自己家中生活、教育，使该学生最终得以健康成长。诚然如此，于漪职业生涯中极少超越职业身份对社会现实作过多的批评，但于漪的抨击集中在对伤害教育、伤害学生的各类现象，其不顾个人辛劳奔走呼吁的也都是尊重教育、尊重学生、尊重教师的呐喊。这是师者于漪所表现出来的令人尊敬的职业风采。做人有种种，有人喜欢怒目金刚，有人喜欢和风细雨，显然于漪属于后者，这是她的个性和教养。

于漪的立人观建立在"己欲立而立人，己欲达而达人"（《论语·雍也》）的基础上，要想学生成为什么样的人，自己首先要做到什么样的人。那么于漪所欲立的是什么样的人呢？她引宋儒程颐的话："君子之学，必先明诸心，知所养，然后力行以求至，所谓'自明而诚'也。"（程颐《颜子所好何学论》）换成今日通俗的话说，

就是成为君子的途径首先是在内心清楚自己所向往的那些品质，知道达成这些品质的方法，然后发奋努力不断实践以求完美，这就是我们经常强调的从知道到实现的"自明而诚"。

程颐（1033—1107），字正叔，洛阳伊川人，世称伊川先生，北宋理学家和教育家。与其兄程颢共创"洛学"，为理学奠定了基础，世称"二程"。程颐认为，"一草一木皆有理"，"一物之理即万物之理"，主张"涵养须用敬，进学在致知"，其学说对朱熹影响较大

　　可以看出，于漪对于做人的态度极其鲜明，读书求明理，好学为力行，表明了成君子的意愿。不仅于此，于漪还多次在各种场合强调文天祥临终前留下的绝笔："孔曰成仁，孟曰取义，惟其义尽，所以仁至。读圣贤书，所学何事，而今而后，庶几无愧。"（《宋史·文天祥传》）文天祥就义之后在他的衣带里发现了这张纸条，写着孔子主张仁爱，孟子强调正义，只有充分做到了正义，仁爱便达成了。我们读了那么多圣贤之书为的是什么呢，明白了这样的道理，从今往后自己就可以没有羞愧了。世人常把孔孟的仁—义之论对立起来，当文天祥面对生死抉择的时候想清楚了——"义尽仁至"，终于化解了鱼与熊掌不可兼得之困——取义即成仁。那么如何才能取义呢，于漪看得很明白，读书做人的义只有一个：报效祖国。这一认识源自于漪对生命价值的追问和思考。她说"照耀生命"的，"不是生理层面的'活'，而是精神层面的追求"。"有价值的一生是怎样创造的呢？""是心灵的渴望，开阔了求索的视野。是心灵的飞翔，催促了奋进的脚步。是心灵的富有，孕育了生命的奇迹。要创造人生的辉煌，须首先让心灵辉煌起来。""人精神上没有支柱，没有志向，没有追求，

就会失魂落魄。"① 于漪本人多次在不同场合都提到物质的需求总有一定的限度，在满足基本生活以后，便应更多地关注精神生活。很多人，尤其是年轻的老师常常感到困扰，知道这些道理或许并不难，但是如何真正做到自律很难，现实的诱惑太多了。"有人认为这个年头讲实际，高尚是标语、口号，谈论它是一种奢侈。这种看法乱人视听……教师应站在精神高原上，而不是降到精神低谷，跟风、随波逐流……我们立的是忠诚教育的事业，如果做什么都有功利目的，那'事业'就成了'私业'，这是万万不可取的。"② 心怀祖国，忠诚教育，便能以众人的教育大业抵御各种私心杂念，这是于漪的"自明而诚"。

不难发现，于漪身上有强烈的历史意识，她曾引述史家对司马迁的评论时毫不掩饰个人的赞叹："（司马迁）是一个改变了所有中国人的人。是他，使每一个中国人成为'历史中人'。他以自己残破的生命、难言的委屈、莫名的耻辱，换来了一个民族的完整的历史，千万民众宏伟的记忆，华夏文化无比的尊严。"于漪曾借用李世

---

①于漪2011年5月14日在上海市委党校高中入党积极分子学习班上的讲话。
②于漪. 立德·立业·立人 [J]. 上海教育，2012(9)：44-45.

文天祥，南宋末年著名政治家、文学家。其诗《过零丁洋》中留下"人生自
古谁无死，留取丹心照汗青"的名言，为后世传颂

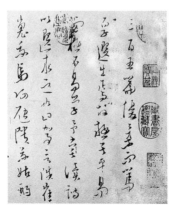

文天祥书呈奏表

民的诗句"心随朗日高，志与秋霜洁"来表达对司马迁的敬仰。[①] 于漪是我认识的少有的几位有着清晰历史意识的前辈，她深刻地认识到，应把个人放到历史的长河中来审视自身的价值，这是于漪有别于一般从教者的一个突出的特征。她还曾引莎士比亚的话说："'人是万物的灵长，宇宙的精华。'但人并不是生来就伟大，而是因为有思想、有精神才伟大。人的伟大与否无需别人赞美，行为本身会说话，历史会说话。"[②] 可见于漪史观是行动的史观。不妨为于漪所敬仰的历史人物和历史镜像列一个不完整的名单：司马迁、韩婴、诸葛亮、杜甫、张载、文天祥、王阳明、布鲁诺、莎士比亚、贝多芬、居里夫人、托尔斯泰、罗曼·罗兰、鲁迅、泰戈尔、古道尔、陶行知、叶圣陶、华罗庚、周予同、邓稼先、钱学森、苏步青、刘佛年、谢希德、张海迪、牧羊的苏武、西南联大授课中的闻一多、《最后一课》中的韩麦尔和小弗朗士、玉树赈灾中的布周才仁校长……这份名单后面还有很多我们熟悉或不太熟悉的后缀，这些人物上可追孔孟荀、老庄，下可触及我们生活中普通却不平

①②于漪 2011 年 5 月 14 日在上海市委党校高中入党积极分子学习班上的讲话。

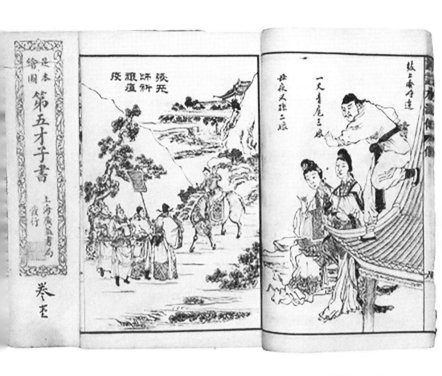

评注图像《水浒传》，这是于漪少年时在家里看的一部旧书，于漪说书上那
山水景象总让她感觉是家乡长江边焦山一带

凡的人物，他们清晰地活在于漪的世界里，成为于漪历史意识中一个个鲜活的、大写的人，这是铸就一名师者的精神资源。人总是历史的过客，有的人习惯于当看客，有的人希望是创造者。正因为有清晰的历史意识，所以于漪才更看重个人的职业行为，使自己由看客而成为创造者。顾望四周，有多少人挣得一袭华丽的长袍，只等着聚光灯下翩然亮相，安然离场，江湖是如此，杏坛亦复如此，水天之别，可见一斑。

当然，从文化层面来看，于漪身上表现得更典型的是中国传统知识人的家国情怀和积极入世的一面。只是于漪从不拒绝时代提供的窗口，让自己学会了睁眼看世界，低头塑景观，她着力研究美国的语文教育和通过考察周杰伦的歌词引导教育今天的学生都是例证。

那么于漪所欲达的又是怎样的人呢？用于漪自己的话来说，她把自己定位得"毫不含糊"——一个挺直脊梁的、大写的中国人，那么她所教导的学生也一定是一个中国人。于漪所欲立的这个人是有明确针对性的，那就是非"物"非"容器"甚而非"分数"。于漪在长年的教育教学实践中一再呼吁不要把育人当作育分。"教育是有灵魂的。教育的灵魂就是培育学生心中的太阳。"[1] "这颗太阳闪耀着爱国主义的光辉,闪耀着勤奋好学、自强、自信、自律、责任担当的光芒。"[2] 这样的人"应该是思想活跃,富于理想,有良好的习惯、奋发的精神,热爱祖国,热爱人民,有追求真知的旺盛的求知欲,有克服困难、锲而不舍的意志与毅力,自学能力强,有创新意识"。[3] 可以看到,于漪所欲立的人包含三个层面的素养:

首先在国家民族层面是热爱祖国、热爱人民;其次在社会层面是富于理想、勇于创新、有责任担当;再次在个体层面是乐学善思、自强自律、意志顽强。于漪进一步从中国文化的内在特征出发,提出应重视人的修养,追求理想和人格的完美;拥有宽容精神与博大胸怀;注重和谐尚群的品质。[4]

己立立人、己达达人的立人观是双边互动的关系,唯有自己先做好了才可能引导好学生,而学生立人的达

---

[1][2]于漪.教育:直面时代的叩问[M].上海:上海教育出版社,2017:前言.

[3]于漪.教育:直面时代的叩问[M].上海:上海教育出版社,2017:4.

[4]于漪.教育:直面时代的叩问[M].上海:上海教育出版社,2017:192.

成反过来会强化自己做中国人的自信。识者多留有相同的印象，于漪与人交往总是十分谦和，旁人眼里于漪身上光环层层难免令人却步，可在于漪那里收获的荣誉越多越是谦逊，这是于漪的一面，绝无傲气。于漪的另一面是骨子里对自己、对中国人、对中国文化高度自信。华饰艳服不是于漪，衣锦还乡也不是于漪，于漪崇尚的是衣着素朴而隆重地登上殿堂，这是征战无数战功赫赫的将帅才有的气势风范，是立人者自立之信，这是于漪的傲骨。于漪不会为有形的荣誉奋斗，"人民教育家"的光环却历史地选择了于漪。读不到这一点便不可能读懂师者于漪。于漪身上透着中国传统知识人的教养。

二、确立教育认知

从事教职，不能不认识教育，虽茫然者比比，但若要成为师者必得弄清楚教育是什么。于漪教过历史，教过语文，学的却是教育。她常常感叹自己转行的困难，其实那都是于漪的幸运。这种幸运不仅是她遇到了一批懂教育的先生，还因为她在运用教育认知的过程中完成了自己对教育的认识。笔者忝列为教育研究者，深感时

辛弃疾（1140—1207），原字坦夫，后改字幼安，号稼轩，山东济南府历城县人。南宋豪放派词人、将领。曾任镇江知府，登临北固亭，凭高望远，感叹报国无门，写下了《永遇乐·京口北固亭怀古》这篇传唱千古之作

下教育理论的困扰，把原本并不复杂的教育认知涂抹到令人不知所措，也让自己如坠云里雾里，真能识得庐山真面目的并不多见，于漪是不多见的一位。当整个社会陷入为升学焦虑之际，于漪站出来高声断喝："育分还

是育人，是办教育的根本性问题。" ① "只看到知识、技能，只信奉'分'，教育的准星就偏离了。""思想道德素质是自己内心约束的东西，是由社会的公德跟个人的道德观念、道德情感、道德追求结合在一起的。""教育要把学生从自然的人培养成为合格的社会公民。" ②

从柏拉图的《理想国》开始，到杜威的《民主主义与教育》，教育自始至终是为理想城邦、理想社会而设计的，要建设什么样的社会就需要办什么样的教育。问题是社会是由具体的人构成的，人的状况最终决定了社会的状况，这就是柏拉图说的，国家不是由石块或木料做成的，而是由它们公民的品性做成的。同样地，社会也不是通过强行实施一个改革计划就能改进的，而是通过组成社会的每一个个体的改善而得到改进的。于漪认真考察了中外教育理论，对此是有清醒认识的："教育的本质究竟是什么？古今中外教育家论述教育，无不聚焦于人的培养和人之完成。" ③ "即教育是'教人'的，

① 于漪. 椎心的忧思　竭诚的期望 [J]. 未来教育家，2013(5)：1-2.

② 于漪. 一辈子学做教师 [J]. 上海教育，2009(2)：88.

③ 于漪. 育德：滴灌生命之魂 [M]. 上海：上海教育出版社，2017：42.

教学生'成为人','完成人的美好品质'。"[1] 以"完成"的命题论人当然不可能出自生物性原因，只能是社会性考量，因为"教育的本原所在是使它的文化功能和对灵魂的铸造功能融合起来"[2]。于漪进一步指出："显然，教育以'教人''成人'为务，建立价值生命。生而为人，是生物性或生理的生命，与其他有生之物一样。而要具备'人之为人'的特征，超越生物性的生命，须教育进行导引，滋养心灵，培养德行，学习如何做人，开发潜能，发展生存能力。"[3] 所谓改善人，意味着个体的理性、道德和精神等力量应得到最充分的发展，个体唯有被注入了社会和时代的价值，才成其为人，才能融入社会生活，这才是教育，"什么叫教育？教天地人事，育生命自觉"[4]。"'立德树人'是教育最本质的问题，德育为先，育人为本。教育的根本任务是引导青年学生树立正确的世界观、人生观、价值观和荣辱观，培养德智体

①于漪．椎心的忧思　竭诚的期望 [J]．未来教育家，2013(5)：1-2.

②于漪．立德・立业・立人 [J]．上海教育，2012(9)：44-45.

③于漪．育德：滴灌生命之魂 [M]．上海：上海教育出版社，2017：42.

④于漪．以教育自信创建自信的教育 [J]．人民教育，2017(2)：14-18.

美全面发展的'和谐的人'。"① 她借雅斯贝尔斯的观点
强调指出："教育须有信仰，没有信仰就不成其为教育，
而只是教学的技术而已。"②

从表面来看，教育显示为一个"过程"，很多时候
它表现为与教书相关的一套程序。较之于这种习以为常
的观念，于漪认为："'育'有极其丰富的内容。培养一个
学生，对他的思想素质、道德情操、知识的深度广度、
能力的强弱、智力的高下、体质的情况等要有总体的设想，
要有完整的概念。'育人'，是对学生进行全面培养。如
果把'育'理解为只是开发智力，或者理解为只是提高
解题能力，这就犯了以局部代替整体的毛病，以这样的
观点指导教学实践，必然会影响学生健康成长。"③ 可见，
教育从根本上来说不是"过程"而是一套"价值规范"，
这套价值规范通常以教育目的的形式出现，隐藏在教育
的内容中，其内涵十分丰富，是人们基于理想将社会的
价值诉求传递给未成熟的一代人。于漪抓住了教育的真

---

① 于漪. 椎心的忧思　竭诚的期望 [J]. 未来教育家，2013(5)：1-2.

② 于漪. 立德·立业·立人 [J]. 上海教育，2012(9)：44-45.

③ 于漪. 教育：直面时代的叩问 [M]. 上海：上海教育出版社，2017：94.

1883 年一位伟大的德国人——卡尔·马克思去世了，同年德国诞生了另一位著名的哲学家、精神病学家，他就是卡尔·西奥多·雅斯贝尔斯（Karl Theodor Jaspers），雅氏和海德格尔被认为是 20 世纪存在主义哲学的主要代表人物。

在《历史的起源与目标》（1949 年）一书中雅斯贝尔斯提出，公元前 800 至公元前 200 年这五六百年间，是人类文明重大突破时期。在这个时代里，各个文明都出现了伟大的精神导师：古希腊有苏格拉底、柏拉图、亚里士多德；以色列有犹太教的一众先知；古印度有释迦牟尼，古代中国有老子、孔子、庄子，等等。这些地区远隔千山万水，几乎难以相互触碰，但他们提出的思想都是对原始文化的超越和突破，且有很多相通之处，都引发了"终极关怀的觉醒"，进而塑造了不同的文化传统，持续影响着人类的生活，塑造了此后西方、印度、中国、伊斯兰不同的文化形态。这就是著名的"轴心时代"理论

髓。"教育的本质是增强人的精神力量"①，"真正的教育是引导人的灵魂达到高处的真实之境，是人生境界的提升……教育是把人的灵魂用力往上拉，引向真理世界；知识、技能是帮助灵魂攀升的阶梯"②。正是看到了教育本质上是一个赋值的过程，于漪把我们的教育定位到"中国心"上："基础教育从事的是国民素质教育，是在为未来公民的思想道德素质、科学文化素质、身心健康发展奠基，它的质量优劣关系到国家的前途、民族的命运、家家户户的幸福。基础教育的教师肩挑千钧重担，责任大于天，生命的意义与价值寄寓其中。"③"中小学教育也好，大学教育也好，归根到底是要培养学生有一颗中国心。如果我们培养的人对自己的国家缺乏感情，对中国的文化缺乏认同，缺乏一个公民应有的责任心，不能自律……我们花的力气也会付诸东流，有负于国家的期望、人民的嘱托。"④这表明于漪认定的价值来自国家民族，来自千家万户的民众，这是一个从教者

---

① 于漪. 教育：直面时代的叩问 [M]. 上海：上海教育出版社，2017：8.

② 于漪. 教育：直面时代的叩问 [M]. 上海：上海教育出版社，2017：68.

③ 于漪. 教育：直面时代的叩问 [M]. 上海：上海教育出版社，2017：前言.

④ 于漪. 培养有中国心的现代文明人 [J]. 今日教育，2010(9)：40.

不能含糊的地方。

识者或许会觉得于漪的这些认识并不新鲜，多是
教育中的常识、常理，似无深文大义之论。殊不知，近
三十年来教育界口号纷呈，理论学术泛滥，新名称新说
辞令人目不暇接，单就教育理论界来看都已被搞得莫衷
一是，于漪能在这样的场域中"毫不含糊"地把握教育
本质，不是特别的幸运而是难得的清醒。

三、理解教师身份

"一辈子做教师，一辈子学做教师""师风可学，
学风可师""教师的字典里永远没有一个'够'字"，
这些是于漪一直说的，也是经常被别人借用的关于教师
形象的认识。于漪是怎样理解自身角色的呢？

于漪曾经记述过这么一个故事。"有一个诗人叫约
瑟夫·布罗茨基，他曾经获得过诺贝尔文学奖。有一次，
一个国际基金会的组织请他讲演。他讲得非常好，主持
人很感激他，他说：'你不要感谢我，坐在这儿的不是
我自己，是我读过和我记得的知识的一个综合体。我已
经不是我自己了，我读过很多书，记得其中的很多内容，

我今天讲的就是我读过的和我记得的一些总和。因此我就变得有价值了，如果我没有读过这些，我就跟普通的人一样，走到街上，任何一个人捅死我都没有什么要紧的。但是因为我读过这一些，我记得这一些，我有了文化，我就是非常值得珍视的。'"①

这段描述很传神，不仅可以被视作于漪的自画像，也应该视为对一名教师形象的生动阐释。教师是一个文化人，其文化从人类文明中来，通过自己的演绎，影响和感染后来者，使自身内化的文化又回到人类文明中去。于漪不止一次在写作和报告中描述过闻一多在西南联大授课时的场景："回顾教育历史，常有这样的图景浮现眼前：一群身无分文的知识分子，器宇轩昂地屹立于天地间，悲天悯人，造福苍生，令人感动。这是由于他们身上有那么一股志气、意气与豪气。历史启示今天，肩负重任的现代教师，理应从传统中汲取精华，锻造自己的'精气神'。"②这是于漪心底的一个结——"身无分文"却"器宇轩昂"，"天地之间"有"悲天悯人"。这是中国传统，表达的是精神和文化，它在审美上和"三军

---

① 于漪 . 育德：滴灌生命之魂 [M]. 上海：上海教育出版社，2017：109.

② 于漪 . 寻找教师之根 [N]. 中国教育报，2013-09-02.

约瑟夫·布罗茨基，苏联诗人、散文家，1987年获诺贝尔文学奖。出生于列宁格勒犹太裔家庭，15岁时退学，当过火车司炉工、钣金工、医院陈尸房工人、地质勘探队的杂务工等，业余时间坚持写诗、译诗。32岁时（1972年）被剥夺苏联国籍，驱逐出境，后移居美国。著有诗集《诗选》《言论之一部分》《二十世纪史》《致乌拉尼亚》和散文集《小于一》等。俄罗斯前总统叶利钦称其为"俄罗斯诗歌的太阳，是继普希金之后最伟大的俄罗斯诗人"

可夺帅也，匹夫不可夺志"同构。

因此，于漪提出："教师需要不断修炼人格魅力与学术魅力。在教育工作中，一切是以教师人格为依据的，教育力量来自教师人格的活的源泉。人格魅力是一种与权势、金钱无关的吸引力，靠的是一身正气，品德高尚。学术魅力重在有真知灼见，有厚实的文化底蕴，不人云亦云、依葫芦画瓢。"① "'师者，人之模范也。'什么叫老师，老师就是榜样，是模范。"② 所以，于漪指出："社会上并不是什么人都可以做教师的，选择了教师，就是选择了高尚，选择了与国家前途命运紧密相连的伟大的教育事业。"③ 她曾多次援引汉朝韩婴《韩诗外传》里的那句话自我激励："智如泉源，行可以为表仪者，人师也。""要为人师，要做学生的老师，要智慧如泉水一般喷涌而出，思想言行堪为学生的榜样，也就是说，要德才兼备。说起来容易，但要身体力行，真正做到，须自尊自励，严于律己，在提升思想、净化感情上下功

---

① 于漪. 寻找教师之根 [N]. 中国教育报，2013-09-02.
② 于漪. 每一节课都会影响学生的生命质量 [J]. 语文教学与研究，2014（31）：80.
③ 于漪. 志存高远，守护教育者的尊严 [N]. 中国教育报，2007-09-23.

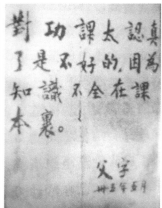

闻一多，中国现代诗人、学者、民盟盟员、民主战士。汪曾祺在《闻一多先生上课》一文中回忆："闻先生性格强烈坚毅。日寇南侵，清华、北大、南开合成临时大学，在长沙少驻，后改为西南联合大学，将往云南。一部分师生组成步行团，闻先生参加步行，万里长征，他把胡子留了起来，声言：抗战不胜，誓不剃须。他的胡子只有下巴上有，是所谓'山羊胡子'，而上髭浓黑，近似一字。他的嘴唇稍薄微扁，目光灼灼。有一张闻先生的木刻像，回头侧身，口衔烟斗，用炽热而又严冷的目光审视着现实，很能表达闻先生的内心世界。"

夫。"① 师有种种，有技师、有经师、有法师……因术
业有别，他们为人效法之处各有不同，只有通过言行真
正影响了人、改变了人、完善了人的那一类师，才当得
上人师。

　　不难发现，于漪的教师观是文化的教师观，是行动
的教师观。教师需要不断学习。唯有不断阅读才可能吸
收人类文明的精华，才能为学生树立榜样，这当属于漪
所说的"学风可师"范畴。教师需要通过文化影响人，
感染人。所谓教育，与其说是通过教材、学校，不如说
是通过教师才使学生成为社会中有用的一分子。教书是
教师的一项基本职责，育人却是教师的根本任务，换言
之学生是通过教师这个中介才得到完善的，这当属于漪
说的"师风可学"范畴，因此"教师要怀揣对学生的满
腔热情，以自己专业的真本事教出学生的真本领"② 。

　　于漪不仅是这样认识的，也是这样要求自己并为我
们作出示范的。她说："我做一辈子教师，一辈子学做
教师，一辈子在提升自我，完善自我。一个教师的人格
是思想、道德、行为、举止、气质、风度、知识、能力、

①于漪 . 志存高远，守护教育者的尊严 [N]. 中国教育报，2007-09-23.

②于漪 . 寻找教师之根 [N]. 中国教育报，2013-09-02.

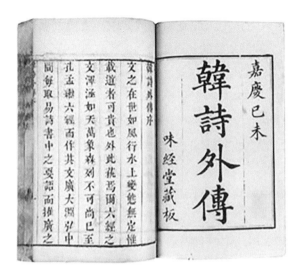

韩婴，西汉燕（今属河北）人。文帝时为博士，景帝时官至常山王刘舜太傅。《韩诗外传》是韩婴所作的一部传记，从礼乐教化、道德伦理等方面阐发儒家思想

心理的、生理的众多因素的综合。""教师要教会学生发现时代与社会的亮色，去寻找生活中的真、善、美，帮助学生树立积极的人生价值取向和世界观……我立志做一名'合格'的教师。这'格'的要求很高，它不是

用量化来衡量的，而是国家的要求、人民的嘱托。"[1]
因此，"教师从教的初心要增强，经验要发展，思想要提
升，视野要拓展，方法要创新，简言之，精神要成长"[2]。
可以说，这些肺腑之言是于漪职业生涯的真实写照，是
以教书不止，修炼不停，诲人不倦，这就不难理解于漪
总是反复强调"教师的字典里永远没有一个'够'字"[3]。

四、赋值教育的艺术追求

如前所述，教育表现为一定的过程和程序，但过程
和程序并不能反映教育的本质，其原因在于教育是一个赋
值的事业，如果缺失了价值，过程便失去了意义。从教者
或许对如下这些叙述并不陌生：爱因斯坦说如果一个人忘
掉了他在学校里所学到的每一样，那么留下来的就是教育；
怀特海说在你丢失你的课本、焚毁你的听课笔记、忘却你
为考试而死记的细节以前，你的学习是无用的；于漪也一
再强调"教过"不等于"教会"。这些话都表明了一个道

---

[1][2] 于漪. 育德：滴灌生命之魂 [M]. 上海：上海教育出版社，2017：253.
[3] 于漪. 让生命与使命结伴同行 [J]. 教师博览，2003(2)：50-52.

理：教育的本质是一种价值实现的过程。通过学习，学生会了、能了、行了、完善了、创造了，教育才实现了。这些本是教育理论的核心，原本并不复杂，复杂的是遵循教育理论的创造性实践。因为这个"过程"中影响"价值"的变量过多，从这个意义上来说教育学主要不是书斋里研究的学问，而是在行动和实践中有待探索和创造的艺术。

于漪所论教育确乎都是教育学中的常识。于漪读的是教育学，在教育学没有被搞得很复杂之前，听了曹孚、刘佛年等讲授教育学的课，这是她的幸运；而她的清醒是自觉地把教育学的原理写在师生互动的生命实践中。有人给于漪的语文教学套了一顶高帽子——"情感派"，却未见于漪自我认同。前文已经评述过，于漪未见得有创学派的心思，这是她的人生观和价值观决定的。如果一定要给于漪一个恰当定位的话，于漪的教育实践属于中国学派，于漪的语文教育属于教育学派。这是因为于漪比一般的语文从教者有更清晰的教育价值意识，这种意识不是从"语文界"各种人文论、工具论里冒出来的，而是于漪基于特定国家、特定民族、特定时代、特定学生发展的诉求提出来的，有时这些观点和"语文界"的同行大体相符，有的时候却是泾渭分明。在于漪的内心恐怕没有"语文界"①而只有"教育界",君不见很多时候"占山为王"不也"画地为牢"了么?为什么杜威一再强调,教育在它自己以外没有目的?于漪是十分自觉地把认识和理解到的教育原理付诸教育实践的,而这项实践恰好表现为语文学科。试想,于漪教的不是语文,而是体育、美术会如何?她遵循的第一个原则是什么?一定还是育人。而她心目中的这个人是什么人呢——中国人。所以说于漪从教追求的是教育学派,于漪探索的教育属于中国学派。虽名为"著名语文特级教师""著名语文教育专家",但于漪实际上是通过语文在教育人,她从来没有把自己看成是"教语文的",而是影响人的师者,这是于漪教育实践卓然超群之根本,只是它看上去质朴无华。

如何在教学过程中贯穿教育学原则呢?于漪的教学实践注重从目标出发,即教师头脑中对要确立的价值必

---

①学校教育中,因学科教学的分工形成了各科教师,在各类正式、非正式的交流中常常出现"语文界""数学界"等称谓,甚或组织机构。根据陈桂生的研究,对教育进行学科分解那是基于教育的目的,而不应该成为教育的手段。这个"界"那个"界"观点的盛行,不经意间把原本应该统合的育人实践演变为唯我独尊、自立山门的狭隘,弱化了所有的学科应该共同助推学生成长的功能。

须清晰，达成价值的手段应该像水一样明澈，教学最终是以学生身上留下"痕迹"为归宿。"课，须有明确的教学目标"①，"课要上得一清如水……一堂课教什么，怎么教，为什么这样教，教师心中须一清二楚。跟着教材转，跟着教学参考'飘'，必'糊'无疑"②。足底无根是谓"飘"，"飘"是对着教材来说的，不研究教材本身，只能跟着教参"飘"，甚至跟着感觉"飘"，最终学生跟着老师一无所获，这是教学过程中应当引以为戒的。

表里纠缠或曰"糊"，"糊"是对着教学活动来说的，教师由于缺少真正的目标，以为什么都重要，什么都想教，枝杈交错，课堂看似热闹非凡，实质是没有真正的目标，课就上"糊"了，这是教学大忌。可见，教学活动目标不能失，过程不能糊。于漪对教学的要求突出"明"和"清"，明的就是目标，"教什么""为什么教"，必须了然于胸，也不能什么都想要，"多目标就是无目标"，否则难免沦为"货郎担"而失去目标；清的是过

①于漪.语文课堂教学有效性浅探[J].课程·教材·教法，2009(9)：31-35.

②于漪.语文教师的使命[J].全球教育展望，2008(4)：21-25＋15.

程，"怎么教""如何把握分寸"，不能花哨，必须"一清如水"，否则上课"必糊无疑"。所以，于漪一再强调教学要"强主干，删枝干"，不能眉毛胡子一把抓。于漪当着语文老师的面，向全体老师告白："育人之妙，存乎一心。一个语文教师当自己对教材的深刻理解和育人的崇高职责紧密相碰的时候，课堂上就会闪烁智慧的火花，产生能量，拖动学生思想感情深化，就会延伸扩展到课外，创造出一个个具有独特性的、富有吸引力的教育情境。"[①] 这里的存乎一心就是上文的"明"，这里的育人之妙就是上文的"清"。

那么，于漪是怎么看待学科的呢？"任何教学都具有教育性，没有教育性的教学是失掉灵魂的教学，苍白无力。"[②] 于漪把教育性的问题提到了教学魂魄的高度来认识，"任何学科的教学之中都蕴含着教学生做人的丰富资源。知识的创建饱含人们追求理想的壮志、不懈奋斗的精神和为人民造福的情怀。且不说人文学科里珍藏的忧患意识、家国情怀、虽九死而不悔的责任担当，就是传授极为严密的刚性的科学知识的数理、生化等学

①于漪．育德：滴灌生命之魂 [M]．上海：上海教育出版社，2017：271．
②于漪．椎心的忧思 竭诚的期望 [J]．未来教育家，2013(5)：1-2．

课要上得一清如水。

——于漪

科也一样。在这些刚性的数字、原理、公式、定律背后，蕴藏着多少敬畏自然、探索奥秘、寻求规律、追求真理的思想道德财富，创造了多少可歌可泣的为科学而献身的事迹，关键在于我们执教者有没有一双慧眼来发现。而能不能发现取决于我们是否牢固树立了育人意识，有没有育人的巨大热情"[①]。具体到语文学科，我们都知道于漪一贯坚持人文性和工具性的统一，"早在 20 世纪 80 年代，针对语文学科的特点，我就提出'熔知识传授、能力培养、智力发展、思想情操陶冶于一炉'的教学观"。[②]于漪指出："抽去内容光讲技巧，把原先浑然天成、有血有肉的文章，变成鸡零狗碎、毫无生气的东西，怎么能让学生学到作文的真本领呢？学语文就是学做人。"[③]

不难发现，上述于漪的认识与赫尔巴特提出的教育性教学，与杜威所说的教学活动的两端是从知识到学生、教育就是经验的改造和重组完全一致，而于漪是通过紧扣教学环节来落实和体现的。可以说，于漪先于佐藤学切入教育的内里，做出了卓有成效的探索。

---

①于漪. 心存敬畏，回归教学本原 [J]. 思想理论教育，2013(4)：4-6.

②于漪. 育德：滴灌生命之魂 [M]. 上海：上海教育出版社，2017：185.

③于漪. 教育：直面时代的叩问 [M]. 上海：上海教育出版社，2017：98.

约翰·弗里德里希·赫尔巴特（Johann Friedrich Herbart）是 19 世纪德国哲学家、心理学家，科学教育学的奠基人。赫尔巴特提出，心灵的善受内在自由、完善、仁慈、正义、公平等五种力量的引导，它们构成教育的目的，而这种目的的实现离不开教学，相应地，教学总会反映一定的目的。因此，在教学过程中，赫尔巴特把多方面兴趣的培养作为教学的核心活动，提出了明了、联想、系统、方法等教学的阶段理论，使教学程序符合心理规律，为教学活动的心理化做出了开创性的贡献

诚然，教育实践要比教育学原理来得复杂得多，要花更多的功夫。于漪很清楚，"学校里最难的是上课，上一节两节好课是不稀奇的，每堂课都上得学生学有兴趣、学有所得、学有追求、学有方向，这不仅是科学，而且是艺术。它不是雕虫小技，而是用生命在歌唱"[①]。她借喝牛奶作比喻："人要有营养才喝牛奶，喝牛奶目的是营养身体、滋养身体，绝对不是为了要变成牛。""课堂，不是教师一个人的生命活动，而是以教师的生命激发孩子的生命活力，让孩子一起动起来。春风化雨，生意盎然。"因此于漪提出，"要研究学的方法，教法和学法相互沟通就能够教在点子上"，"课要上得立体化，使思想、知识、能力、智力融为一体，发挥多功能的作用，课前须精心设计，须把教材的逻辑结构和教学过程的程序结合起来，探索最佳结合点"[②]。"只有知之准、识之深，才能教到点子上。"[③] 杜威曾经提出："教师在教育事业中的任务在于提供刺激学生的反应和指导学生

①于漪.教育：直面时代的叩问 [M].上海：上海教育出版社，2017：98.

②于漪.语文课堂教学效率论 [J].中华活页文选·教师版，2009(2)：41-43.

③于漪.教海泛舟，学做人师 [J].人民教育，2010(17)：53-59.

学习过程的环境。……教师不应注意教材本身，而应注意教材和学生当前的需要和能力之间的相互作用。……教学的问题在于使学生的经验不断向专家所已知的东西前进。"① 于漪对这些认识是有深刻把握的，因此才提出教学活动应注重教材的逻辑结构与认知的心理结构的有机衔接。"师教之功在于启发点拨，让学生开窍，课堂绝对不是教师传递知识的场所，而是教师引导学生学习知识、提高能力的场所。"②

于漪不仅是这么认识的，更是身体力行地对自己的教学进行严格规范，在数十年的教学过程中，留下了上百本数千万字的备课和教学笔记，深入钻研教材、深入了解学生。于漪留下的这些成果为什么受到老师们欢迎，于漪上过的那些课为什么被师生们记诵，这背后反映出教育活动的一些典型特征：教育有原则，教学无规定；教学大体则有，定体则无；教育原理不复杂，教育实践太复杂。至于好"研究"者把明了的教育原理再度搞得

---

① 杜威. 民主主义与教育 [M]. 王承绪，译. 北京：人民教育出版社，1990：192-196.
② 于漪. 教育：直面时代的叩问 [M]. 上海：上海教育出版社，2017：28.

极其复杂而令从教的基层老师不知所措，那实在不是研究者的"迷茫"①，而是施教者的糊涂。教育中有科学的因素，但是教育本身并不是经典意义上的科学，教育可以总结原理，却没有可遵行的定理。这或许是如今的教育学新论盛行，而教育实践却愈见贫乏的原因。

在语文教学中于漪提出应树立"体"的观念。所谓"体"，是指语文教育有一个立体的维度：包括知识目标、能力要求、与其他学科的协调关系以及思想情操的陶冶等。这些维度都需要深入思考，充分准备，才能使课上得"立体化"。其实，这一思想并不局限于语文学科，所有的学科都需要确立这样的观念。所不同的是，于漪的这些观念并不是追课程改革的时髦而提出来的，而是基于长期的实践所形成的认识。

基于这样的认识，于漪形成了一体化的课堂教学思考。课前，重点在设计。设计的要点是把教材的逻辑结构与教学的过程结合起来，探索最佳结合点。我们知道，

---

①陈桂生曾著有《教育学的迷惘与迷惘的和教育学》一文，以"迷惘"为题言明我国教育学研究的困境。幸运的是，先生此后三十多年的研究、数百万字论著的出版，已然祛除了西学东渐以来我国教育学的迷惘，其成果值得重视但似仍未受到应有重视。

"立体化"的课背后是"立体化"的职业生活

学科的逻辑与认知的心理逻辑之间的鸿沟是教育学中最具挑战性的工作。于漪不是从杜威的理论中发现了这一鸿沟，而是从自己的实践悟出了这条原理，这就为其解决问题铺设了可靠的基础。

课堂上，需处理好讲和练。于漪提出既应重视眼前的课文，又不能被课文内容所限，要仔细斟酌并选定适宜的知识点或训练点，使其纵横延伸找到恰当的切入点："在课文中能起'点睛'作用或关键作用的；语言经得起推敲，内涵丰富而又咀嚼有味的；能在思想上给学生以启迪，能拨动情感的琴弦的；读、写、口语交际能力某一方面或某几方面能切实获得训练的；能拉出联想或想象线索，知识和能力训练扩散点显明的、丰富的。"①这五条表述简洁，但其价值似远未引起语文学科研究的必要重视！说它们向我们展示了于漪驾驭学科逻辑与心理逻辑鸿沟的秘籍恰如其分。近年来随着各种新理念的传播，似乎课堂还谈"知识点"便是落伍了，若还有人强调"训练点"更会心怀忐忑，倘若遇到不近人情的"专家"更不知道会被苛责到什么程度。其实，真正站讲台

①于漪. 语文：教文育人的沃土 [M]. 上海：上海教育出版社，2017：86.

的老师都知道，课堂光有热闹，弱化知识，所有的素养、能力都是空中楼阁。因此在没有领导、专家指导的时候，他们其实很熟练于知识的训练，这是他们向教职交账的职业良知，其中不乏所谓的名师。问题是，"知识点""训练点"的确立与施行其境界上天入地！用以对付考试测验，那只要借用老旧的教学大纲，将要点系统整理，强化练习可见神效，那些重点率、"985"率多少的学校提前完成教学进度，腾出一段时间强化的练习就属于此类。显然，于漪的认识完全不同。知识点原本内在于课文之中，它们之所以被理解为知识点是因为它们贯穿起了有价值的文本，使之成为学习材料；进而是它们贯穿起了人类认知的系统。宛如由一滴水可见生命，知识之所以有力量是因为它背后有一连串可靠的经验奠定了厚重的基础。君不见我们的周围有那么多的支点，却未见有几个人撬起地球。因此，于漪在这里所提出的五条，表述虽简单——"起'点睛'作用""经得起推敲""给学生以启迪""切实获得训练""拉出联想或想象线索"，实际上已经触摸到了知识史的内核，触摸到了热闹了几年的思维问题的本质。如此才能帮助学生语文能力、情操陶冶、文化素质等方面得到切实提高，使课堂"或辐射，

子曰："不愤不启，不悱不发。举一隅不以三隅反，则不复也。"（《论语·述而》）孔子的这一句话效益很高，后人引出了一条教学原则——启发式教育；一条成语——举一反三。何谓启发？朱熹注曰：启，谓开其意；发，谓达其辞。问题是如何才能使学生"开其意，达其辞"呢？这离不开对"愤""悱"的理解。朱熹又注：愤者，心求通而未得之意；悱者，口欲言而未能之貌。所以，比起抽象地议论启发式教育，不如深入体味"愤悱"之困才更合当下时髦的"高阶思维""深度学习"的胃口。

而"举一反三"则成为一些名师的成功标志，却也常听闻许多授业者感叹：如今的学生不要说举一反三了，贫师举三他们不反一，云云。问题是，这里的"一"和"三"是不是同一层面的认识呢？朱熹注：物之有四隅者，举一可知三。原来这里的"一"既有序数的含义，还有结构的原理，授业者唯有将结构、原理向学生讲清楚，才能使学生告诉你对原理的理解和运用。看来，那些以己昏昏的授业者，要求学生"举一反三"，不是无知，就是偷懒或折射，教学充满明亮"①。

怎样使课立体化，使学生获得多方面的培养呢？于漪以说明文《晋祠》教学环节为例作简略说明。课的起始阶段，于漪用三言两语引入课文以后，要求每个学生口述一处祖国的名胜古迹，而且在速度与表达上有要求。学生从上海的豫园讲到西藏的布达拉宫，从杭州的西子湖讲到长白山天池，思想集中，兴趣很浓。请看这部分教学内容的实录②：

第一课时

（上课）

师：我们伟大祖国历史悠久，山川锦绣，名胜古迹星罗棋布，在世界上可以说是——

生（部分）：首屈一指。

师：首屈一指（竖起拇指）。现在请每位同学就你

---

①于漪. 语文：教文育人的沃土 [M]. 上海：上海教育出版社，2017：87.
②于漪. 语文：教文育人的沃土 [M]. 上海：上海教育出版社，2017：87-94.

晋祠，位于山西省太原市晋源区，后人为纪念晋国开国诸侯姬虞（西周周成王姬诵之胞弟，后被追封为晋王，因其封地在唐，也称唐叔虞）及母后邑姜后而建，是中国现存最早的皇家祭祀园林，为晋国宗祠。祠内古建筑林立，具有中华传统文化特色，其中难老泉、侍女像、周柏被誉为"晋祠三绝"

所知道的名胜古迹说一处，要求：一说清楚，二速度快。我不一个一个叫名字了，请挨着次序讲下去。你先说（示意第一排一位学生）。

生1：青岛八大关。

生2：故宫。

生3：从化温泉。

生4：山西云冈石窟。

生5：西安的大雁塔。

生6：杭州的西湖。

生7：长城。

生8：甘肃的酒泉。

生9：善卷洞。

师：在什么地方？

生9：宜兴。

生10：福建厦门的鼓浪屿。

生11：南翔古猗园。

生12：北京的颐和园。

生13：普陀山的寺庙。

生14：西藏的布达拉宫。

师：好，讲得很响。

生 15：河北省的赵州桥。

师：河北省的赵州桥我们什么地方碰到过？

生（部分）：课文《中国石拱桥》。

师：对。

生 16：太湖。

生 17：西安的大雁塔。

师：重复了。

生 18：陕西的兵马俑。

生 19：安徽滁县的醉翁亭。

师：醉翁亭，我们这学期要学《醉翁亭记》。

生 20：承德的避暑山庄。

生 21：湖南省岳阳市的岳阳楼。

师：岳阳楼，我们这学期还要学《岳阳楼记》。

生 22：山水甲天下的桂林山水。

生 23：庐山的大天池。

生 24：洛阳的白马寺。

生 25：雁荡山。

师：在什么省？

生 25：浙江省。

生 26：广西容县古经略台真武阁。

生 27：河北省保定市的古莲池。

生 28：广东肇庆星湖。

生 29：广西阳朔。

生 30：长白山天池。

生 31：济南的大明湖。

生 32：扬州的瘦西湖。

生 33：北京的天坛。

生 34：甘肃的敦煌。

生 35：上海名胜豫园。

生 36：西藏的拉萨哲蚌寺。

生 37：绍兴的东湖。

生 38：北京的卢沟晓月。

师："卢沟晓月"我们也在课文中碰到过。

生 39：西双版纳。

生 40：四川的乐山大佛。

生 41：宜兴的张公洞。

生 42：庐山的花径。

生 43：中岳嵩山。

师：中岳嵩山，你还能够说出其他的几个"岳"吗？

生 43：能。西岳华山、东岳泰山、北岳恒山、南岳衡山。

师：对不对？

生：（部分）对！

师：记得很熟，好。

生44：浙江的瑶琳仙境。

为什么要安排这个环节呢？目的在使学生以下几个方面能获得培养：①锻炼口头表达能力（语文能力）；②相互启发，开阔视野（增长知识）；③发展记忆力、想象力（智力）；④了解中华民族的深厚文化平铺在祖国 960 万平方公里的土地上，受到爱国主义的熏陶感染，增强民族自豪感。此外，还活跃课堂气氛，使学生学得愉快。紧接着第二个环节是：出示《中国名胜词典》，听写词典中"晋祠"的条目内容，听写后将条目中说明的每一句话用数字标出，和课文中相应的内容对照，辨别异同。为什么要安排这个环节呢？目的是：①激发学生求知欲。尽管学生在不到两分钟的时间内把自己熟悉的名胜古迹初步检阅了一下，似乎已经巍巍乎壮哉，但所及毕竟有限，知之甚少，推荐《中国名胜词典》用以激发求知的欲望；②训练学生听写的能力；③训练思维

于漪提出课堂上的讲和练需处理好五条:"在课文中能起'点睛'作用或关键作用的;语言经得起推敲,内涵丰富而又咀嚼有味的;能在思想上给学生以启迪,能拨动情感的琴弦的;读、写、口语交际能力某一方面或某几方面能切实获得训练的;能拉出联想或想象线索,知识和能力训练扩散点显明的、丰富的。"

的敏捷性；④检验阅读理解的速度和准确度；⑤训练比
较思维的能力；⑥进一步激发对古代优秀文化的热爱。
下面截取课堂实录一小部分，从中可窥见上述教学意图：

师：把词典上介绍晋祠的语句和课文《晋祠》对照
起来看，你们会发现哪些问题？这是一。二、两者有哪
些不同之处？（食指、中指竖起示意）三、请你们判断
一下是文章写得好呢，还是词典上说明得好。（食指、
中指、无名指竖起示意）有的已经思考好了。（学生举手）
××，你说。

生52：词典上说晋祠是在山西太原市西南 25 公里，
书上说是在山西省太原市西行 40 里，数据上有些不对。

师：数据上好像有些不大对？25公里是多少里啊？

生（集体）： 50 里。

师：50 里，怎么一个 50 里，一个 40 里呢？还有
什么问题？（学生举手）×××。

生53：词典里介绍的一段话中，"三绝"是指：
难老泉，宋塑侍女像和隋槐、周柏，而书上写的"三绝"
是：圣母殿、木雕盘龙和鱼沼飞梁。两个"三绝"内容
不同。

师："三绝"的内容不一样，这又是一个问题。（学生举手）×××。

生54：我认为××同学刚才说的问题遗漏了一点，在词典上的第二句中，××同学只对了第 7 自然段，我认为还可以对第9自然段，就是讲鱼沼飞梁。

师：对不对？

生（集体）：对的。

师：好，补充得很好。还发现了什么问题？（学生举手）×××。

生55：书上是唐槐，而词典上说的是隋槐。

生55：（继续提问）书上写四十二尊侍女像，而这里写四十三尊。

师：是四十三尊还是四十二尊？（学生举手）×××说。

生56：书上写的是唐槐，这里写的是隋槐，隋唐相隔时间不长，隋朝的统治很短，所以这里用隋槐、唐槐都可以。

师：可不可以？（学生点头）

师：隋什么时候建立的？

生（集体）： 581 年。

师：公元。

生（集体）：公元 581 年。

师：灭亡呢？

生（集体）：618 年。

师：（笑）你们历史学得不错，因此我们讲"隋唐"。"隋唐"，就好像秦始皇统一——

生（集体）：秦汉。

师：对。秦汉，秦朝很短，因此常和汉连起来讲。相隔时间很短。（拇指与食指示意"短"），因此问题不大。还有什么问题？（学生举手）×××。

生57：我回答××（指生52）的问题，从山西省太原市西行 40 里，而词典上是山西省太原市西南 25 公里，一个是西南，一个是西行，它们之间存在着方向的差别——

师：好，方向上有差别。

生57：（继续说）所以，距离也不相等。

师：距离也不相等，因此两个数据怎么样？

生57：都可以。

师：都可以的。

生57：（继续发表意见）还有关于晋祠三绝，书上与词典上说法不一样，《中学语文课外阅读手册》上说——

师：《中学语文课外阅读手册》上怎么说？（出示此书，学生课桌上都有此书）

生57：关于晋祠三绝的说法多种多样，正好证明了晋祠值得人们欣赏的杰作特别多。

师：因此，可以说法不一样，对吗？

（生57点头）

师：同学们已经养成了习惯，在读某一篇课文时，总要到《中学语文课外阅读手册》中去找一找，看看有没有相应的文章读，这样对理解课文、扩大视野有好处。三绝可以有多种多样说法——（学生举手）×××。

生58：我认为对三绝作这样的解释不是最好，应该说，在课文上它是讲古建筑的三绝，在词典上是讲晋祠三绝，当然它们之间有区别。

师：对。读书要读仔细啊！（学生举手）×××。

生59：我来回答刚才×××同学（指生55）提出的问题。他说殿堂里面有宋代彩塑四十三尊，而书上是四十二尊，好像有差错。其实，书上讲"宋代泥塑圣母像及四十二个侍女"，这样加起来也是四十三个。

师：四十二加一是多少？

生（集体）：四十三。

师：四十三。

生59：（继续讲）所以，并没有出入。

师：对，请坐。（学生举手）××。

生60：刚才我们听写下来的一段话中有这样一句话"殿两侧为难老、善利二泉，晋水主要源头由此流出"，而139页第5自然段中讲"这里的水，多、清、静、柔。这些水主要是来自难老泉"，说法有出入，这些水到底是来自难老泉，还是来自难老、善利二泉呢？

师：请坐。（学生举手）××。

生61：词典和课本上还有一个不同之处，就是在写晋祠三绝的时候，写作方法是不同的，课文上是先总述，然后再分述，词典是先分述，然后再总述。

师：好，你看出了不同之处，仔细阅读，不同之处还很多。我们刚才发现了许多问题，有些问题解决了，比如 25公里和40里是不是数据上有出入，刚才××（指生57）解答了。一个是西南，一个是什么啊？

师、生：西行。

师：这没有矛盾。四十二、四十三，四十二加一——

生（多数）：四十三。

师：这也没有出入。至于三绝的讲法，词典上是晋祠三绝，书上呢？

生（部分）：古建筑三绝。

师：因此也并不矛盾。而××（指生60）提出的问题是值得研究的，到底发源于难老泉、善利泉，还是只是难老泉呢？

请阅读思考（出示《中国名胜词典》），这里是一段话，这儿是一篇文章（出示教科书），有哪些不同的地方？××想好了，其他同学呢？（学生举手）×××。

这样一环扣一环，环环有明确的训练目的，每一环在知识、能力、智力、思想情操等多方面对学生起培养作用。学生的活动（包括质疑、辨别、比较、解答），占课时的80%以上，而这些活动又是在教师的指导下紧扣对文本的理解进行的，绝非放羊，不着边际。

于漪的可贵之处是在于众人习以为常、安之若素之处发现问题，出声棒喝，"育人育分"是这样，"立根树魂"是这样，"教一辈子，学一辈子"是这样，"事业、私业"是这样，"教过、教会"也是这样。于漪注意到教师为"教"而"教"的现象比较严重，一再强调"教"不是统治"学"，也不是代替学生去"学"。借着反思，于漪发出了这样的告诫："课终人散，只要稍加思考，若有所失的感觉就会升腾而起：学生学到了什么？好像学，又好像没有学，花里胡哨一阵，没在脑子里留下多少痕迹……于是，课就成了货郎担，什么货物都有，多目标成了无目标。"[1] "这堂课学生学到东西没有？思想感情受到熏陶没有？价值观受到影响没有？这是影响学生生命质量的。……教师教的是语言，你给学生的不仅是语言的掌握，而且是灵魂的震撼，是人文。人文和工具是一个事物的两面。"[2] "教育教学的出发点和归宿点是学生……课如果只教在课堂上，就会随着教师声波的消失而销声匿迹；课要教到学生身上，教到学生心中，成为他们素质的一部分。"[3] 于漪很清楚，这么说并不意味着靠一次完美的教学设计就可以完成育人的问题，"教学不是一次完成，它有连续性、阶段性、层次性、

[1] 于漪. 语文课堂教学有效性浅探 [J]. 课程·教材·教法，2009(6)：31-35.
[2] 于漪. 语文的尊严 [M]. 太原：山西教育出版社，2014：69.
[3] 于漪. 教海泛舟，学做人师 [J]. 人民教育，2010(17)：53-59.

反复性"① 。在这里于漪实际上触及了教育学中最根本的命题——教养——化应然的知识和技能为学生实然具有的品质。

如何看待论者所提出的于漪身上"情感"的问题呢？我们知道，教学活动的一端是教材，其背后隐藏着特定的价值；教学活动的另一端是学生，其处境因自身缺少价值而尚不足以在社会中自立。试问，如果教材背后的价值进不到学生身上，教育还有意义吗？而联系教学活动两端的，就是教师。或有疑问，修道、参禅、像苏格拉底似的静默沉思，不也能触及价值吗？事实上自我审视与悟道不是教育所要排斥的，恰恰是教育试图引导的一个结果，这就是"授人以渔"，而教育所着力展开的是在似懂非懂、欲知无知、欲罢不能、欲走还留之际的创造，所谓"愤悱"之困与"启发"之妙之间的艺术。正是深悟此道，于漪的教育实践确乎重视情感，她在教育教学活动中由衷地表达着自己的情感，并因此收获了学生成长的累累硕果。她看得很清楚，情感是走近学生进而实现价值影响的重要途径，教师既因为教材也因为

---

① 于漪 . 语文课堂教学有效性浅探 [J]. 课程·教材·教法，2009(6)：31-35.

弗兰西斯·培根（1561—1626），是英国16、17世纪之际的哲学家，经验主义哲学的奠基人。他提出唯物主义经验论的基本原则，认为感觉是认识的开端，是一切知识的源泉。培根认为亚里士多德的自然哲学富于思辨而无实际用途，取而代之的是应该用"科学归纳法"从事物中找出公理和概念，才是进行正确思维和探索真理的正确方法，他把这种方法称作新工具，以区别于亚里士多德的《工具论》，在此基础上完成了代表作《新工具》。培根提出，自然中真正存在的东西，都是按一定规律运动的物体，哲学的目的就是研究这种规律，唯有思想上得到了真理，才能在行动中得到自由，因此他说："知识就是力量，但更重要的是运用知识的技能。"这就是"知识就是力量"这句名言的由来，由此观之，它与习俗的认知存在一定的差异

学生而存在，而让"死"的教材走进"活"的学生的重
要通道便是情感。

　　教育中的情感最容易被理解的就是老师对学生的
呵护和关爱，这是从教者都容易理解和做到的，也是于
漪为我们做过很多示范的。最难，也是没有止境的，是
教学过程中教师对学生认知处境的同情和理解，这是古
今中外教育家们反复提到的教育是艺术的道理所在，也
是从不复杂的教育学进入极其复杂的教育实践的原因所
在，恐怕也是于漪一再强调的"一辈子学做教师"的真
谛所在。"不知道"是学生的一面；而另一面呢——是
他们"进入课堂"了。"不知""不会"而又"想知""想
会"正是学生的特点，教师需要的就是准确地把握"这
一个""那一个"，"什么地方""哪里""如何不能"
的原因，试问没有"同情"何来钥匙？

　　"让学生对课堂生活产生持久的魅力，首先在于教
师对生活有执着的追求，在课中倾注自己的爱。""和
爱同样分量的另一个字是'心'。用心去教学生，这也
是我的教育信念。课堂生活其实就是师生间的心的沟通，

情的交流。不达到心心相印的程度，是教不好学生的。"①
于漪通过表达自己的信念向我们道出了教学成功的秘诀：师生之间心心相印，情情相连。很多老师总认为自己"教过"就算完成任务了，殊不知依然有不少学生"不会"。"教过"不等于"教会"，这是于漪经常挂在嘴边的话。怎样才能做到"教会"呢？这就涉及认知的心理逻辑。于漪以自己的不懈探索向我们表明，情—心—爱，三者构成教育教学过程中心理逻辑的核心。

当然，这样的老师多会表现得比较全面，也容易受到学生欢迎，于漪对此是深有体会的："大部分学生都崇拜'什么都懂，什么都会'的教师，教师知识的广博对学生具有感染和教育功能。""课要教得精彩纷呈，美不胜收，不仅让学生有所得，而且要有'如坐春风'的感受，教师就必须对所教学科的基础知识与技能有广泛深刻的理解，熟悉与该学科相关的知识背景材料，了解本学科产生和发展的历史脉络及将来的发展趋势，只有在这方面真正做到行家里手，教学生时才能要言不烦，一语中的，才能居高临下，左右逢源，激发学生强烈的

---

①于漪.语文：教文育人的沃土 [M].上海：上海教育出版社，2017：249.

和爱同样分量的另一个字是"心"。用心去教学生,这也是我的教育信念。

———— 于漪

求知欲望。"① 笔者一直坚持教师就是杂家的观点，提出杂的过程就是教师专的进程，② 唯这样的认识需要经年累月的修行。正是在这个方面，于漪提出了"教一辈子，学一辈子"，并且又一次为我们作出了示范："教师身

杂家，战国末至汉初诸子百家之一，以道为本博采各家之说见长，"采儒墨之善，撮名法之要"，《汉书·艺文志》将其列为"九流"之一。以《吕氏春秋》《淮南子》等为该家代表著作。

《淮南子》（又名《淮南鸿烈》《刘安子》），淮南王刘安系汉高祖刘邦之孙，该著为刘安召集门客集体编撰而成，今人耳熟能详的"塞翁失马，焉知非福"即出于《淮南子·人间训》。清龚自珍曰："方读百家，好杂家之言，未暇也。"（《古史钩沉论三》）

①于漪.教育的姿态 [M].太原：山西教育出版社，2014:156.
②吴国平.迎接教师的年代 [J].上海教育，2019(3)：50-51.

上要有时代的年轮，努力学习，不断提高认识，学会站
在教育战略的制高点上思考一些问题，探索教育教学规
律，跟着时代奋勇前进。"①

教育中的情感，是一名教师走向专业的秘诀。

五、师行如歌

会教书，终究只是一位教书先生。一名真正的师者，
是通过言传身教，使学生耳濡目染，如沐春风，进而变"知
道"为"教养"。于漪从教逾一甲子，其由"心向往之"
到"起而行之"而至"身而范之"的自觉追求过程，向
我们展示了"智如泉源，行可以为表仪者"的当代形象。
有人说，一个人做一件好事不难，难的是一辈子做好事。
相应地，一个艺人有一次精彩的表演不难，但一辈子都
能有最好的表演，那是把表演化进了生命，是用生命在
表演，他就是一名艺术家；一名老师上好一堂课不难，
但以自己的言行一辈子都让学生效法，他就是一位师者。
师者于漪，实至名归。

---

① 于漪. 教海泛舟，学做人师 [J]. 人民教育，2010(17)：53-59.

20世纪二三十年代，梅兰芳继承并发展了梅派艺术，在京剧史上出现了"梅尚程荀"四大名旦，京剧发展步入了巅峰时期。随着京剧舞台上追光技术的使用，梅兰芳把灯光的作用向前推进了一步，他开始向画家王萝白学习绘画，此后又结识了陈师曾、金拱北、姚茫父、陈半丁、齐白石等画家。同时，与收藏家朱文钧订交，广泛观赏书画和古器物

于漪任教学科是语文，但是她从来不认为自己是"教
语文"的——"如果有人问我在语文教学实践中最主要
的体会是什么，我的回答是：既教文，又教人"[①]，"真
正的教育，就是培养人、牵引人的灵魂，提升到真善美
的境界……个人价值一定要和社会价值统一"[②]。语文，
既包含对语和文两种表达形式的理解和运用能力，还包
含语和文背后透着的思想、观念与价值。语文学习是针
对上述两方面的全部。显然要引导学生认识到真正学好
语文光靠课堂上、教材中的学习和训练是远远不够的，
好的语文老师不仅善于在课堂上营造学习氛围，还会通
过言传身教感染学生。于漪说得明白："三流化妆是脸
上的化妆，二流化妆是精神的化妆；我们要的是一流的
化妆，是生命的化妆。我就是语文，我和语文是融为一
体的，要全身心地投入语文的教学中，不要涂脂抹粉，
满足于三流化妆。"[③] 这里的"化妆"作中性词理解，
与前述"表演"属同一范畴。我们平日里见识的公开课、

---

①于漪. 教育：直面时代的叩问 [M]. 上海：上海教育出版社，2017：91.

②于漪. 课堂教学三个维度的落实与交融 [J]. 中学语文教学，2004(1)：
10-12.

③于漪. 语文教师必须有教学自信力 [J]. 语文学习，2010(1)：4-7.

大奖赛多系"脸上的化妆";在一些优秀教师的随笔和杂集中,我们也可以见识到一些"精神的化妆"的教学片段。于漪强调的化妆是生命的化妆,"我就是语文,我和语文是融为一体的"。这种一体首先是对语文教材的准确把握,知道"材料"的文体"价值"在哪里,明白文体背后所应传递的思想"价值"是什么。其次是教学活动的"媒介"如何与这些"价值"相一致。很难想象,一个语文老师教的是"典雅之文"而用的是"烂俗之语",会使学生收获何种品质的语言文化水平。于漪认识到,教学用语出现的问题"有多种多样的原因,而社会上语言的失范折射到学校教育中,是重要原因之一"。"一种是语言的膨胀症。说大话,夸大其词,以求博得轰动效应。"[1] 这是于漪"生命的化妆"意义上的反思,语言的膨胀其实是做人的膨胀,这既是社会环境使然,也是个人社会形象的反映。不要"说大话",不要"夸大其词",不要"博轰动效应",一个人可以修炼到这样的境界"不亦君子乎"?一名教书的人"化妆"到这样的程度,自然化为师者。忍不住多说一句,许多老师一

---

① 于漪. 语文的尊严 [M]. 太原:山西教育出版社,2014:314.

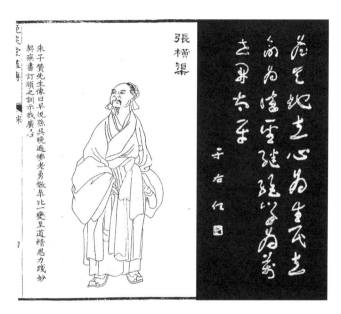

张载，字子厚，祖籍大梁（今河南开封），因长年在凤翔眉县横渠（今陕西
眉县横渠镇）生活讲学，世称"横渠先生"。北宋思想家、教育家、理学创
始人之一，其"为天地立心，为生民立命，为往圣继绝学，为万世开太平"
的名言，被称作"横渠四句"，为后世文人传颂辈子只知道成为一个好的学科老师，殊不知真正的老师是不会止步于学科的，分科教育本来就是制度化教育的产物。在今天我们既要学会通过学科去有效影响学生，又要走出学科去引导学生效法，一如于漪。技巧可以"偷师"，品格断难"效法"。

因此，于漪强调："教育人使用的语言，应当是艺术的语言。"[①]"教学用语里既要有经过锤炼的活泼的口语，又要有优美严谨的书面语言，有文化含量"[②]，"应言之有物，言之有理，言之有序，言之有情，言之有文，悦耳动听，如潺潺溪流、叮咚泉水，伴随着知识传授、能力培养、情感熏陶渗入学生心田，滋养学生成长"[③]。这样的境界何其不易，非经年累月的修炼难以达成。于漪对自己提出的挑战是——"出口成章，下笔成文"。为了规范自己的教学语言，她把上课的每一句话都写下来，删掉所有的废话，再把它们背下来，每天在去学校的途中反复操练，这一举动在于漪职业生涯中仅仅是一

①于漪．语文的尊严 [M]．太原：山西教育出版社，2014：132．
②于漪．教海泛舟，学做人师 [J]．人民教育，2010(17)：53-59．
③于漪．语文的尊严 [M]．太原：山西教育出版社，2014：130．

个小片段，却让我们今天得以领略一位身心洁净、文体雅致的师者形象。至于于漪所付出的努力，我们可以从几十卷的《于漪全集》里充分体会。还可一提的是，于漪所著的《岁月如歌》一书全部用手稿写成，十多万字一气呵成竟无涂抹删改，字体清秀端庄，出版社觉得不应束贮还专门出版了一个影印版，师者之风范可见一斑。

"做教师就要身处繁华闹市，心中田野芬芳。"这是于漪的一句名言，讲得斯文含蓄，听懂难免脊背冒汗。对世人来说，闹市繁华却也俗欲滋生，为人师者如果心中不"芬芳"，没有对真善美的执着，便不可能将应有的"价值"传递给学生。我们知道课堂上有多少教师可以侃侃而谈，肆意挥洒，其演说口才或有令学生痴迷者，但那些言辞是表演给人听的、看的，生活中的他们从不掩饰对名利的贪婪。授课与道德分离，可以教好学生吗，当得上"师"名吗？于漪不是没有遇到世俗利益的问题，"夫物之感人无穷，而人之好恶无节，则是物至而人化物也"[1]。事物的诱惑无穷，但是一个人如果经不住这样的诱惑，对物的追求没有节制，那他就把自己变成物

---

[1] 参见《礼记·乐记》。

了，对此于漪用了一个词——"铭刻在心"，告诫自己"在金钱至上、物欲横流的大潮中更须以此为警戒"[①]。这就为自己在灵魂中设定了为人处世的一道底线，建立了孔子所说的"所以、所由、所安"[②]的精神支柱。"人一辈子都活在价值取向的选择之中，要学会自觉地选择，明智地放弃，中国优秀、卓越的知识分子'为天地立心，为生民立命，为往圣继绝学，为万世开太平'的对社会、对国家的担当意识是我们的榜样"[③]。没错，于漪从中国传统知识人身上汲取了精神养料，进而转化为自己不懈的努力："完美的人格、渊博的学识，也是一辈子不断地追求、不断地修养自己的结果。"[④]

这种执念的背后，于漪不是看得淡而是想得透："读书学习的意志、毅力从何而来？对教学业务刻苦钻研的持久力从何而来？我认为关键在于内心的深度觉醒。教师从事的是塑造灵魂、塑造生命、塑造人的工作，一个

---

①于漪. 我们这支队伍，这些人 [J]. 中国德育，2012(16)：6-9.

②参见《论语・为政》。原文为"子曰：视其所以，观其所由，察其所安，人焉廋哉？人焉廋哉？"

③于漪. 用精神的成长创造使命的精彩 [J]. 人民教育，2014(21)：8-11.

④于漪. 怎样学做人师 [N]. 新民晚报，2004-09-05.

肩膀挑着学生的现在，一个肩膀挑着国家的未来，千钧重担！"①"铁肩担道义，妙手著文章"这些文字对于一个受过高等教育的人来说不会陌生，但是很少有人认真想过一个教师的"道义"如何表现。觉醒的于漪给了我们一个响亮的回答：一个肩膀挑着学生的现在，一个肩膀挑着国家的未来。"教师内心的深度觉醒是什么意思呢？我为什么说一辈子在学做教师呢？我就是一直处在这样的觉醒过程中。我体会到当教师把个人的前途命运与祖国的前途命运紧密地联系在一起的时候，人就会变得聪明，就会站在比较高的地方思考问题，而且心中总是有一团火，能有旺盛的经久不衰的内驱力。我这个老教师梦寐以求的就是国家的伟大振兴，而要伟大振兴，最重要的就是人才辈出。"②

说这些是于漪"课要教到学生的身上、心中，成为他们生命的一部分"的精神动力也好，说这些是于漪的师爱也罢，都符合事实。教师的工作少有轰轰烈烈，多的是平凡中的琐碎和繁杂，教师的角色形象、职业情感最终是通过教师的职业行为来表现的。于漪说过："师

---

① 于漪．用精神的成长创造使命的精彩 [J]．人民教育，2014(21)：8-11.
② 于漪．教育的生命力在于教师的成长 [J]．现代教学，2009(3)：33-35.

爱是超过亲子之爱的。这个道理不是写在纸上、说在嘴上的，真懂，要用自己的言行来实践。……国家把希望交给我们，家庭的希望也在孩子身上，因此，老师对学生要满腔热情满腔爱，做到师爱荡漾。"[①] 正是怀着这样的认识，于漪可以做到"一把尺子量别人的长处，真心实意，虚心求教；一把尺子专门量自己的不足，查找自己教课的差错、缺点、不足，每节课写教后心得"[②]。

六、提携后生

在古人眼里，师道，有为师之道、有求师之道、有尊师之道，三者缺一难成。一名真正的师者，绝不只是示范为师之道，还应该引导求师之道，倡导尊师之道。如果只有为师的精彩，终究是舞台上的梅兰芳。于漪的不凡在于她很早就自觉地认识到求师之道与尊师之道的重要性，在各种场合做着不懈的努力。求师之道，自然有选择什么老师的一面，所谓经师易得人师难求。其实在当代更多的是怎样的教育是应当追求的，经常被人们

---

① 于漪. 教育：直面时代的叩问 [M]. 上海：上海教育出版社，2017：75-76.
② 于漪. 教海泛舟，学做人师 [J]. 人民教育，2010(17)：53-59.

被誉为北大东语系双璧之一的金克木，1930 年发现了一大宝藏：市立图书馆。
他自述道："我几乎是天天去，上午、下午坐在里面看书，大开眼界，补上
了许多常识，结识了许多在家乡小学中闻名而不能见面的大学者大文人的名
著。如果没有这所图书馆，我真不知道怎么能度过那飞雪漫天的冬季和风沙
卷地的春天，怎么能打开那真正是无穷宝藏的知识宝库的大门。"

提起的"育分还是育人"，便是于漪关于这一思想的典型反映，于漪也是循着这样的认识不断追求、不断自觉实践的，前文多有论述。

金克木发现一个有意思的现象，孔、孟、老、庄多讲"道"，不大讲"理"，[①]讲"理"则是宋以后的事，把自觉地"传圣人之道的学问"称谓"理学"（有些地方也称"道学"）。可见，无论"道"还是"理"，追问的是天地人生的内在属性，回答的是宇宙万物的客观规律，这就是中国人"讲道理"的由来。随之，衍生出"天道""地道""有道""无道"，等等。君子则存于这"天、地、有、无"之间。至于这个"道"究竟是个什么东西，连老子也不容易说清楚，谓"道可道，非常道"，如果再追问"非常道"中的"道"是什么，大概只能回答"不知道"了。这容易令人想到维特根斯坦的那句话：可说的是事实，不可说的是生活。表明人类认识世界的不易。问题是，既然"道"之探寻不易，古人又何必念念不舍呢？那是自周天子以降古人构筑天下认知的"普世价值"，引导的是天地之间天子、君子的行为方式。

---

①金克木. 书读完了 [M]. 上海：上海文艺出版社，2017：131.

文心雕龍

文心雕龍卷第一

梁　劉　勰　撰
北平黄叔琳注
河間紀　昀評

原道第一

文之為德也大矣，與天地並生者何哉夫玄黃色雜，方圓體分，日月疊璧，以垂麗天之象；山川煥綺，以鋪理地之形：此蓋道之文也。仰觀吐曜，俯察含章，高卑定位，故兩儀既生矣。惟人參之，性靈所鍾，是謂三才；為五行之秀

《文心雕龙》是南朝文学理论家刘勰创作的一部文学理论著作，其中《原道》《征圣》《宗经》等篇是核心。在《原道》篇中，刘勰提出："文之为德也大矣，与天地并生者何哉？夫玄黄色杂，方圆体分，日月叠璧，以垂丽天之象；山川焕绮，以铺理地之形：此盖道之文也。仰观吐曜，俯察含章，高卑定位，故两仪既生矣。惟人参之，性灵所钟，是谓三才；为五行之秀，人实天地之心，心生而言立，言立而文明，自然之道也。"所谓"原道心以敷章，研神理而设教"是圣人著述的根本原则

后人多愿意从文化成熟论、文化优越论角度谈论中华民族虽屡遭外族入侵其文化却总被异族认同并发扬光大，言华夏民族文化的进步和力量。其实与其说是华夏民族文化的传统，不如说是构成其天下观中的普世价值之道得到了天下各民族的认同。这些价值是"朝闻道，夕死可矣"的平静，也是"三军可夺帅也，匹夫不可夺志"的豪气；它们既可以成为夺天下者替天行道的旌旗，也可以成为王国维自沉昆明湖时毅然决然的底蕴。还是金克木看得透："承认自然的威力又不免咕咕叽叽。无可奈何又有时不服气。"① 可见道之不同凡响，刘勰的《文心雕龙》开篇就是《原道》，此后韩愈也作《原道》，从仁、义、道、德诸项进一步讨论"道论"，极大地推进了"道统"的发展，成为影响后人的重要精神因素。今人所论师道，便多从韩愈出，因了"天不变，道亦不变"的普世原则，遂有"道之所存，师之所存"的结论，表明师者不是为自己存在，而是为道而存在。由此就可以理解，所谓"尊师之道"实为"尊天下之道"；为了维护天下秩序，乃行尊师的规范。

---

① 金克木. 书读完了 [M]. 上海：上海文艺出版社，2017：138.

古代科场样貌

于漪身上光环不少，考察其职业历程，都为学校内部的不同岗位。虽亦担任过人大代表，但并无实质性的官职身份，其能为当今社会建立尊师规范的条件有限，但这并不意味着师者不能追求尊师之道。于漪一方面以自己的言行为师道立心，另一方面把奖掖后学、提携后生、弘扬师道作为自己一贯的追求。

曾任上海建平中学校长的程红兵记述了自己和于漪结识、受教的记忆：

记得1991年我在江西曾给于老师写了一封求教信，写的时候有几分忐忑不安，信发了，人也就释然了。谁曾想，没多久就接到于老师的回信，当时我激动不已，于老师的勉励至今依稀记得，这封信仍收藏身边。这一次算是初次交往，当然是未曾谋面的。

第一次见面是1994年夏，在山东泰安，"全国青语会"成立，先生作为老一辈语文教育家的代表到会祝贺，并作报告，先生受青年教师景仰，会前、会后大家将她团团围住，没能走近先生，不无遗憾。

1994年我从上饶调到了上海，有些"水土"不服。先生不知怎么知道了，托人捎信给我，请我到她家坐坐。得知这一消息后，我又是高兴，又是担心，平生不善交际，不善言谈，见名人，生怕无话，难免尴尬，心生许多压力。恰逢先生在《语文学习》发表《弘扬人文，改革弊端》一文，于是以此为由准备了许多问题。

先生是个和蔼可亲的老人，精神矍铄。也不记得开始怎么说的，单知道没说几句话，我的拘束就无影无踪了。我就语文教育的人文性向她提出了一些问题，她不紧不慢作了耐心细致的回答，不时插几句："你看呢？你怎么想？"总是把我作为平等的谈话对象。后来先生向我谈起她走过的路，她的感想，她的体会，听她娓娓动情的叙述，我悟出了先生的良苦用心：树立自信，勇敢地走出困境。末了，我提出就语文教育人文性整理一个《于漪答问》，她欣然同意，但标题执意要定为《关于语文教育人文性的对话》。"答问"与"对话"的区别，我当然知道，先生的长者风范令我非常感动。①

和于漪走近的中小学教育工作者多留有与程红兵类似的经历。所同者是于漪的鼓励、扶持和温暖；所异者是当事人鲜活的故事。迄今，这个群体里涌现了一大批我们熟识的教育实践行家和学科教学专家，还有一大批

---

①程红兵．我的导师于漪先生 [J]．人民教育，2015(1)：72-73.

默默无闻、脚踏实地耕耘在课堂里的教师。在下曾多次提议有关部门可以"让于漪成为我们共同的名字"为题，整理出版中青年教师的成长事迹，以引导激励人们坚定从教的信念。

七、为尊师重教立言

20 世纪 80 年代中期，教育秩序渐趋恢复，教育工作者"臭老九"的帽子算是被摘除了，政治身份得到了初步的承认。但是教师整体的社会地位很低，人们不愿意从教，已经做教师的也不安心，流失率高。当时报刊招聘广告上赫然印着一行小字："环卫工人及中小学教师不在其列。"以"斯文扫地"来概括彼时的窘境一时无二，其防止教师流失的意图可以理解，唯师道之尊竟与环卫工人并举，令人语噎。另一方面，整个社会尚处于百废待兴的状态，经济要发展，产业要升级，民生要改善，城建、交通、食品供应等等都亟待提升，"发展是硬道理"的命题都还没有被提出来，更遑论登上历史舞台了。

于漪说，有一段时间学校里的垃圾一个星期得不到清运，臭气熏天，师生根本无法安心教学，作为校长自己只得一个一个电话拨出去，一家一家托请帮忙。当年打电话也不是我们今天手机、微信随时可以接打——提起话筒，等一个拨号音就需要好几分钟，拨出号码等到的可能是占线音；挂断之后再拨，如此操作，十分钟能打通一个电话算是幸运的，一圈电话打下来半天、一天就过去了。处于市中心的学校迫不得已把临街的围墙拆了，隔成一个个小间租给商家经营，收取一定的租金，以修建校舍、添置一些教学设备、适当改进师生工作和学习条件，却难免带来校际差异和不当竞争，给正常教育教学秩序带来了冲击。这就引发了"校长姓教还是姓钱"的话题，成为当年的热门话题。这些现象在今天看来不可思议，但却是于漪和她那个时代从教者不得不面对的真实的窘境。

在这样的境遇中，尊师之道从何谈起？作为个人，了解于漪的都知道她并不介意财物名利，但她从任职杨浦高中行政工作中，深切地认识到提升教师的社会地位、改善教师的待遇是引导从教者做好教育教学工作的必要保障。于漪是站讲台的名师，她一次次登上讲台承担公开课教学任务，一次次成功的展示，成为了上海民众中

的教师符号；而于漪也没有浪费这样的符号所带来的传播效应，她积极利用各种公开场合为提升和改善教师的待遇恳切呼吁，虽千万重担，于漪表现得义无反顾，殚精竭虑。

自 20 世纪 90 年代起，于漪参与社会公共事务明显增多，尤其是与教育有关事务的决策和讨论，常常有于漪的身影，这既是师者本义的一个重要表征，也是于漪师者形象符号化的过程。

在教育发展最困难的 20 世纪 90 年代，于漪经常被邀请参加关于教育及教师问题的研讨，外人看到的多是于漪每每有精彩发言。毋庸讳言，于漪能说，善于表达，这在上文已有论说。事实上行走在"江湖"，能说会道的确实大有人在。古有苏秦张仪，今有江湖方士，凭三寸不烂之舌自命不凡者今古不绝，故世有"口才"之说，早些年在坊间还常常听闻当教师就是"吃开口饭的"。在我们身边靠一张巧嘴逐得生前身后利的不乏其人，赢得生前身后名的也并不鲜见。言说，如果只是为了名利，那无异于"口力劳动"。于漪没有把言说看成辩术，更没有货与"资本家"。于漪的言说有清晰的角色意识和责任担当，有教育教学实际工作的丰富积累，始终站在时代和社会的整体利益上思考教育问题，从实际出发，以相互理解、解决问题为旨归，从而使自己的建言摆脱批评对立、沽名钓誉、讪君卖直、不着边际等的狭隘。于漪善于在大局上理解具体工作的困难和复杂，所以她的建言多为各方接受和赞赏。

在上海的人代会上，于漪着装素朴，表情端庄，语气平和，准备充分，态度坚决。她把准备好的《解放日报》拿出来，翻到登载禁止环卫工人和教师"跳槽"的广告位置，开始了发言："稳定中小学教师队伍的苦心是可以理解的，但这种做法不可取，对教师心理是一种伤害。俗话说，斯文扫地，现在是斯文不如扫地。环卫工作与其他工作一样，只是分工不同，从事这项工作的人同样应受到尊重，我没有丝毫轻视的意思。但如此表述，令人想到"文革"中臭老九的味道依然存在。元代统治者把人分为若干'等'，'八娼，九儒，十丐'。臭老九也就从那儿'沿袭'下来的。我要求以后招聘广告中不要再有这样的文字，'堵'是不行的，要想方设法提高教师的地位和待遇。"[1]时任上海市委第一书记陈国栋

---

[1]于漪．岁月如歌［M］．上海：上海教育出版社，2007：138．

就坐在于漪身旁，认真地听着，没有一点厌烦，不时还插几句，最后他说教师稳定是重要问题，须想办法。从那次人代会以后，招聘人才的广告里再也没有这样的字句了。

在全国工会代表大会上，于漪"当仁不让，历数第一线教师待遇的菲薄与工作的艰难。那时，教师工资长期在四五十元左右徘徊，年轻女教师不得不用相当多的时间给孩子织毛衣、缝衣服、做鞋子，学校领导又规定上班时间一律不准做这些，家务与工作常有很多矛盾，工作也确实受影响。改善生存条件方能保证教师全身心投入工作的质量"。[①] 于漪的发言随即被收进了大会简报《为一些行业的职工请命》头条中。会议期间，于漪又被全国妇联邀请参加女代表座谈，邓颖超出席并听取了代表的发言。于漪以一名一线教育工作者的切身体会入题讲述了教育的重要性，受到与会人员的高度赞同，大家深切认识到国家建设、人才培养、教育发展之间的互动关系，越发认识到教师值得尊重，尊师之道的观念得到了社会更多的承认。

---

① 于漪．岁月如歌 [M]．上海：上海教育出版社，2007：139．

不妨抄录一段于漪自己的回忆，感受一下师者的风范：

1988 年市第九届人民代表大会第一次会议上，我们教师代表围绕教育经费的事大大议论了一番。这一年，政府预算报告中教育经费增长 5.7 个百分点，而事实上，由于大批知识青年返沪后成家立业，所生孩子正好到入学年龄，因而，小学生骤增，有些区增幅高达百分之十几。学生增长与经费增长差距很大，而经费匮乏又必然导致小学要改成上下午两部制，即半天在学校求学，半天在家。……我们 60 多名人大代表联名提出增加教育经费的议案。……在人代会主席团会议上，大家就这个问题立不立议案展开了热烈的讨论。不立议案，就作为一般的意见处理，立为议案，是要办出结果的。……我是教师，对学生有特殊的感情。入学儿童基本上是老三届学生的孩子，老三届学生本身就受了许多苦，十年北大荒、云南，返沪以后往往只在街道小工厂、里弄生产组工作，生存条件差。好不容易成了家，有了孩子，孩子上学，又碰到高峰。如果孩子半天读书半天在家，安全有很大问题；孩子在家无人照管，家长上班绝对不放心。各行各业都碰到这个问题，社会的稳定就会受到影响。出于对事业

的负责，我慷慨陈辞，说清利弊，以求得不从事教育工作的同志对教育的了解与理解。会上各抒己见，气氛热烈。当时担任中共上海市委书记的江泽民同志在仔细听取大家意见的基础上，最后发表意见：立为议案，修改教育预算，增幅改为 8 个百分点。……散会时，我从会议厅走出来，人大几位工作同志对我说："了不起，开人代会开得修改预算还是第一遭！"这就是"法"的力量！那年教育预算执行的结果，增长幅度为 13 个百分点，所有小学生都在全日制学校就读，享受党的阳光雨露的哺育。①

此后，作为符号的于漪肩上的担子越发重起来。当时每年两会代表委员都会对教育问题提出很多意见，主要围绕教师流失、入学高峰、危房改造、经费挪用、工资拖欠等，归结为一个字——钱。从分管市领导来说对教育十分重视，几乎隔三差五都有对教育问题的工作批示，主管全市基础教育的两个行政机构：市政府教育卫生办公室和市教育局，当时的领导多是行家且极其敬业，当然希望那些问题得到解决，唯独都没有办法从拮据的

①于漪. 岁月如歌 [M]. 上海：上海教育出版社，2007：140-142.

财政经费中挖出一块肉。两会期间两个行政机构的法定代表市政府教育卫生办公室主任王生洪、市教育局局长袁采都必须到会接受代表委员的质询，那个年代代表委员参政议政的态度水平都成为后人的记忆，言辞犀利，毫不含糊。两位领导既有胸襟，且极富智慧，代表委员的质问虽然犀利，却未尝不是争取经费改善教师待遇的契机。他们会事先和身为代表的于漪沟通，就各自取什么角度提问或讨论形成策略，每每收到奇效。我记得1990年前后的一天傍晚，上海的两会正在进行中，主管人事与财务工作的市教育局副局长刘期泽匆匆走进办公室。他是个工作狂，每天比别人早到办公室，机关同事都下班了他还不走，经常忙到八九点钟才回家，遇外出开会或调研工作，他总会到下班之际赶回办公室，处理一些未及时完成的工作。但记得那天他兴奋不已："今天于漪老师讲得真好！"他是作为分管领导随局长袁采列席了当天关于教师待遇问题的讨论，经历了全程。随后是漫长的叙述，回忆着会议讨论中精彩激烈的"交锋"，然后说到于漪怎么发言，讲了什么，怎么讲的，袁采怎么接的，财政怎么表态的，最后大家欢喜的场景。时过境迁，如今城里的年轻教师每到长假常常会安排各地游，

通过行万里路增万桶水，总算得以安心从教了，敢问是否还记得前人栽树担水的岁月？

社科大家、《辞海》常务副主编罗竹风这样评论于漪："于漪同志的为人，我是熟悉的，可以称得上典型的'师道'。温文尔雅，谦虚诚挚，音容笑貌以至于举止行动，都合乎一位中学教师所具有的规范。"[①]这是前辈哲社大家直接以"师道"论于漪。而原上海市人大常委会副主任、复旦大学副校长、著名遗传学家谈家桢作为见证者是这样说的："于漪同志不负人民之托，积极而努力地参政议政，主动并善于利用人民代表大会这个政治舞台为教育事业鼓与呼。从《上海市普及义务教育条例》立法议案的提出到《条例》的颁行，以及后来《上海市职业技术教育暂行条例》和《上海市职工教育条例》的制定与通过，都凝聚了于漪同志的心血与智慧。"[②]这里透射出师者所内含的政教合一精要，他们都看到了于漪为尊师重教所做出的卓越奉献。

---

① 于漪. 岁月如歌 [M]. 上海：上海教育出版社，2007：195.
① 于漪. 岁月如歌 [M]. 上海：上海教育出版社，2007：199.

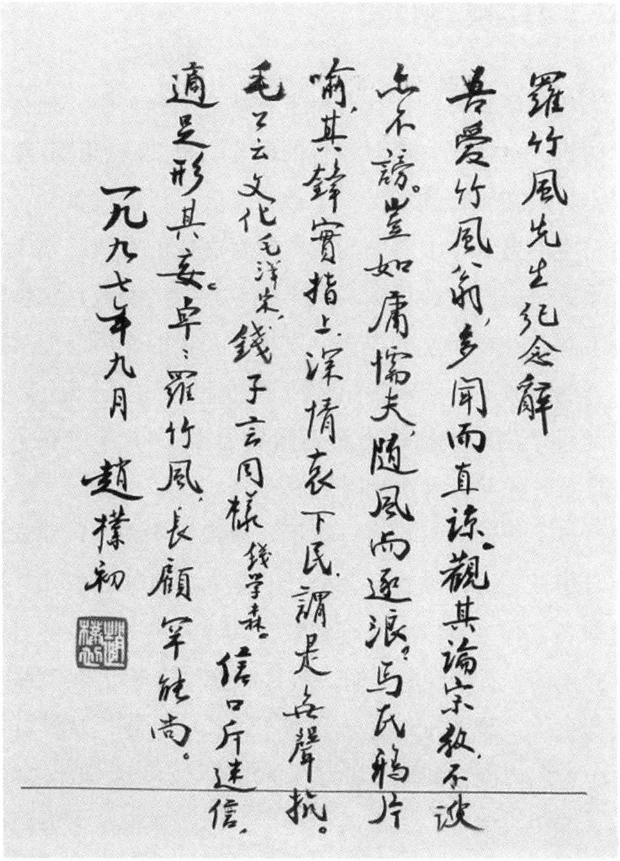
羅竹風先生紀念辭

吾愛竹風翁，多聞而直諒。觀其論宗教，不詖亦不誇。豈如庸懦夫，隨風而逐浪？馬氏鴉片喻，其辭實指上。深情哀下民，謂是無聲抗。毛公云文化（毛澤东）、錢子言同樣（錢学森），信口斥迷信，適足形其妄。卓卓羅竹風，長顧罕能尚。

一九九七年九月 趙樸初

赵朴初书《罗竹风先生纪念辞》

八、创建教师学研究会

教育属于哲学、社会科学领域，加强哲学、社会科学的研究自然包含着对教育的研究。自 20 世纪 50 年代起，各地在哲社领域专设了教育学会，以促进哲学、社会科学的繁荣，上海作为我国教育文化的重镇，几十年来教育研究与实践可谓成果丰硕，其中上海教育学会作为上海哲社创始学会之一，发挥了积极的作用。而就在这样的背景下，于漪提出还应该创建教师学研究会，并且通过于漪的人格魅力和不懈努力于 1986 年成立了，不仅首开先河，且在全国是唯一的。

是上海的教育学会办得不好或没有实力吗？要知道当时担任上海市教育学会会长的是老教育家吕型伟。以今观之，那个阶段上海基础教育人才辈出、名校醒目、经验不断，青浦经验、愉快教育、成功教育、第二课堂、奥赛金牌、规范＋选择─合格＋特长、计算机从娃娃抓起……国内同行间流传着这样的解嘲语："全国学上海，学了三年没成样，上海又变样。"这些成果是上海基础教育几代人不断努力的结果，作为社团组织的教育学会起了有效的推进作用。作为上海市教育局的老领导吕型

倡导教师读书，于漪参加教师学研究会定期组织的"我爱读书"活动

伟对于漪也极为关心，从任职杨浦高中到恢复第二师范再到复办杨浦高中，他和于漪有过多次深入交谈。

那么于漪再费神费力创建教师学研究会是为什么呢？——诚如谈家桢说的，于漪是"为教育事业鼓与呼"。在多年社会考察的基础上，于漪深切体认到教师地位提升的重要，也清晰地了解教师实际处境的艰苦。1986年，已届57岁的于漪没有像许多教师那样收拾课本准备退休。早年间，有光荣退休一说，荣退之日每个单位会敲锣打鼓上门，送上"光荣退休"状，于是劳动者便荣享安居生活。教师属于劳动人民，自然也能享受光荣退休的待遇。街坊邻里中的退休教师挎着提篮进出弄堂之际，一声"喔唷，王老师买菜去啊"的问候，传到耳里，走起路来也轻快了许多。再到后来，教师退休回家有一桌一桌的补课孩子等着自己发挥余热，还能收取不菲的补课费用，如果是名师，光一个"特级"称号，便能换来门庭若市，有人因此购买了几套房子。社会对教育的需求令人困惑，热情高涨，不能说不好；有没有教养无人关心，涨不涨分却牵动祖孙三代。于是，退休下来的教师在各种人情请托中就为分数发挥着余热。于漪所具有的条件远非普通名师可以比拟，却没有选择那样的方式。

这完全不是觉悟的高低，而是于漪心中确立了自己的观念：一日从教，终身为师。这"师"是需要有社会担当的。于漪想的不是个人的利益，而是所有教师的利益；不是教师群体的利益，而是国家民族、整个社会的利益。于漪心里装的是国家民族的未来。

通过多方"游说"，不断工作，感动各级领导，在于漪的努力下"上海市教师学研究会"于 1986 年成立。这一组织不仅是上海新创，至今全国独一无二。于漪任会长，身边团结了上海各区县教育行政部门、中小幼一线优秀教师以及师范高校志同道合的学者，调研教师的生存状态，发布信息简报，组织教师开展专业学习，引导培养优秀教师，总结宣传先进经验，向社会各界呼吁尊师重教。很长一段时间里，研究会工作没有经费，也有不少会员是基层领导，适当收费没有问题，但是教师学研究会分文不收，这一传统延续了三十多年，至今如此。于漪带头做学会工作的志愿者，没有报酬，成效显著，教师学研究会在上海市社联的历次评选中都是优秀研究会。研究会的这种精神也感染了一些社会公益基金组织，它们用各种方式对研究会的工作给予一定的支持。此后由于年龄等原因，于漪不再担任研究会的会长，但是对

南洋公学，由清末洋务运动的重要代表人物盛宣怀创办。盛氏开创了一系列近代实业，也是中国师范教育的开创者，提出"师范、小学尤为学堂一事务中之先务"。1897年，南洋公学首开师范班，是我国第一所正规高等师范学堂许多重要工作她都始终亲自关心、亲自指导，同时也培养出了包括陈军等在内的一大批、各层次的优秀教师和教师团队。几十年来，教师学研究会极大地推动了社会尊师重教的氛围，如今的尊师之道与当年可谓不可同日而语了。

可贵的还在于，于漪以"教师学"来命名新的研究会，其立意、眼界非同凡响。要知道，西方的教育学重物不重人，他们对教师的关注是 20 世纪中期以后的事，而由师范教育到教师教育的转向是美国 20 世纪 40 年代才开始的事，日本则是到 20 世纪 70 年代才开始进入教师教育的转向。我国第一位在日本取得教育学博士学位的陈永明，其博士学位论文获日本文部大臣资助出版名为《中国和日本教师教育制度的比较研究》，这是我国学者第一次系统研究并提出教师教育命题，出版时还是日文版（日本行政出版社），时间为 1994 年——于漪提出并创建"教师学研究会"比之早了整整八年。而我国普遍关注教师教育问题则是新千年前后才开始的。

要问于漪的眼界从哪里来？想来离不开学习、思考和实践。于漪既非排斥西方教育学，又非对西方教育理论无知，因此当她讨论教育问题的时候不走极端。当

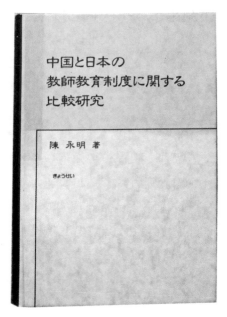

陈永明，日本筑波大学教育学博士，我国首位获日本教育学博士学位的学者，其学位论文《中国和日本教师教育制度的比较研究》（日本行政出版社），1994年出版。这是我国学者第一次系统研究并提出教师教育命题

她在谈学科教学的时候不忘育人，这是她熟谙教育之道
的证明。问题是西方教育学远非成熟不变的法理，西方
教育实践在运用它们自己的理论的过程中就遇到不少问
题，对于中国的实践者来说其困扰更多。于漪是一个认
真细致的实践家，她不会体会不到那些问题，她提出的
"育分还是育人"等都是明证，因此她通过自己的思考，
不仅抓住了教育过程中最重要的人——教师，并且认为
以教师为线索应该可以建构独立的学问——教师学。这
恰与中国自身的历史和学理吻合。自孔夫子以来中国强
调的就是"引导者"——他们在历史语境中可以有不同
的称谓，但性质一以贯之，即便是到今天的"人民教师"
抑或"人类灵魂工程师"，其所指并不会随"装饰语"
而含糊。于漪的远大抱负并不停留在创建"教师学研究
会"这一组织本身上，她始终在思考中国的教师学应该
怎么写，完成一部系统的教师学理论建构是于漪最深的
心愿。

外
篇

　　他必须能够以同等的同情感钻入到每种生活方式的主要特征和价值里面去；他必须在他自己的心灵里重行经验它们两者，作为是历史知识的对象。因此，使他成为一位合格的裁判官的那种东西，就恰好是他并非从一种置身局外的观点来观看他的对象，而是在他自身之中重行生活它的这一事实。

——［英］罗宾·乔治·科林伍德

一、江南多士子

唐宋以来，江南因其地杰物灵，成为士人居住的一块热土。在长江南岸有一座历史悠久的重镇——镇江。这座以鱼米之乡著称的古城，不仅地理位置突出，亦且物产丰饶，是以古称"润州""京口"，衬以镇江三山（金山、焦山、北固山）的自然人文景观，引文人士子流连汇集。

北固山是镇江的一个地标。"何处望神州？满眼风光北固楼"，是辛弃疾站在北固山头的家国感怀。晚年，辛弃疾任职镇江知府，其时南宋政权置元帅于镇江府，作为知府的辛弃疾"兵民之政皆总焉"，遥想当年"金戈铁马，气吞万里如虎"尚未完成伐金重任，而如今又见铁木真一统蒙古，对中原华夏虎视眈眈，虽有"凭谁

北固楼，坐落在天下第一江山镇江北固山上，宋以后欧阳修、苏轼、米芾、辛弃疾和陆游等文人名士，多曾到此登楼，凭栏远眺，留下许多诗作

问：廉颇老矣，尚能饭否"的豪迈，却难掩"烈士暮年，壮心不已"的伤感。这一刻的辛弃疾能看到的除了眼前的北固山，到哪里去寻觅神州呢？然而，英雄从来都不是找来的，英雄就是对千古江山的无限热爱和无悔献身，所谓江山千古事，要成为光复神州的英雄，唯有从眼前的现实做起，对于辛弃疾来说全部的希望不就是脚下的北固山么？

如果说北固山激荡着士人的爱国情怀和入世豪情，那么焦山则透射着士子独立济世的品格。焦山从何而来，要从一则传说说起。据传，大宋第三位皇帝真宗得病，久治不愈，某日夜间做了一梦，见一老者来到他的殿前，为真宗送上丹药，老者自称是居东南的隐士焦光。真宗梦醒而起，病居然好了，他便向身边大臣询问可有这位隐士。大臣说焦光是东汉末年一位高士，隐居于长江之中的焦山，汉献帝曾三次下诏书请他出山做官，但他三诏不起，在山上日出而作，日落而息，采药炼丹，济世救贫，廉节自持。真宗听后大喜，敕封焦光为明应公，立祠春秋祭祀，同时对焦山的田赋、差役一概优免，从此焦山声名远播。这焦山便位于镇江界内长江之中的一座小岛，清初郑板桥登临其上，收获的是"静室焦山

焦山上的国宝级文物、被宋代著名书法家黄庭坚称之为"大字之祖"的摩崖石刻《瘗鹤铭》，然其作者至今未有定论，成为千古之谜，可见民间总有高人

十五家，家家有竹有篱笆"的闲适。其实，焦山未必止于"十五家"，却也不算大，能见竹子却也未见竹林的特别，能引发郑板桥情怀的大概还是焦光"三诏不起"的独立、济世品格吧。何曾想，郑板桥脚下的焦山复又成为了后代士子的记忆。

金山与金山寺，山因寺生辉，寺因山闻名，其超然与离世引代代名士敬仰，在唐代有"海内名士"之誉的张祜便是一例。张祜出生于世家，工于诗文，因性情孤傲，狂妄清高，官场不利，是以一生无奈于狂士、浪子、游客、幕僚、隐者身份之间，放浪于江湖之间的张祜留下了"一宿金山寺，超然离世群"的诗句，表现了士人对尘世生活的不屈以及对洁身自好、超然闲适生活的向往。究竟是金山成全了张祜，抑或张祜放大了金山，我们无力作答，唯两者共同铸就了士人的历史记忆，却是不争的事实。

说文道古，非为乡土研究，而是通过对历史文脉的记述，理解文化的传承及其影响方式。江南大地因其地灵而哺育了一代又一代的人杰，他们或达或穷，时运既得则兼济天下，机缘不遇则独善其身。其穷达的表现方式殊异难论，但安身立命的品格与精神却深藏在市井里巷的角落中，以为人处世的生活方式和集体的记忆延续在这块土地上。1929 年，于漪出生在镇江，这个自古以"润州""京口"闻名的江南古城所蕴含的不只是物产的丰饶和扼据长江南岸的突出地理位置，更有传习了千年的历史文脉，它们共同形塑了大地的儿女。那脱口而出的乡音域名、街头里巷的历史人物、口中传颂的诗文曲词，等等，在时代潮流的风云际会和个体的修行况悟中，便会获得生命的活力和爆发的冲动，只要土壤、水气、

养分合适，就有芳草，就出人才，江南的士子绵延不绝，于漪和她的家庭受到了这样的润泽。

二、生于斯，长于斯，雁过留声

人，总是出现在特定的时空，活动在特定的历史环境中。出生的那个时空，具有偶然性，个体无能为力，而环境由先人的积累和世人的互动所铸就，个人作为的可能性在于如何看待和吸收前人的经验以及自身回应现实挑战的姿态。生于斯，长于斯，雁过留声，大概就是我们每个人不可避免的生命轨迹了吧。

中华文明历史悠久，蔚为壮观，数度劫难却屹立不倒，直至晚近一百八十年，突遭列强凌辱，由此跌入历史谷底，虽经仁人志士前赴后继的抗争，到 20 世纪 30 年代，初见一短暂的平稳态势，却好景不长遭遇卢沟桥事变，引发了国土沦丧、救亡图存的困局，经八年苦战惨胜，再遇同室操戈，历四年有余，方得华夏一统，由此开启了人民的新生。可以说自 1840 年至 1949 年，那百余年间华夏大地上行走的人们，均系战乱年代生活的人，也是辉煌民族苦难时刻行渡的众生，当然晚近半个

世纪的世界潮流、科技革命等的风光绝无想象余地。今
人动辄高谈民国大师辈出，唯当事人不仅深感悲苦，且
对自己的学术评价亦多不高，其原因盖与国运日下密切
相关。人，怎可能脱离他的时代和环境而存在呢？

民众的苦难，士人的传统，个体的责任，是我们解
读于漪必备的基本线索。

于漪出生时，正处于所谓的"黄金十年"初期，刚
好落在两次漫长战乱的间隙期。其时，全球来看一战甫
定，二战未起，再看国内北伐新胜，百业重启。用历史
学家黄仁宇先生的观点来说，数目字管理的民族经济得
到了初步的发展，各种救国思想在古老民族的大地上生
动演绎，科学救国、实业救国、教育救国，乃至于政治
制度救国等等，正以现实的改变影响到人们的真实生活。
尤其在江南一带知识集聚、资本集聚，人们的生活、观念、
眼界等等，都前所未有地发生着变化。

于家在镇江是一普通家庭，父亲靠小本经营为生，
母亲是识字不多的家庭主妇。于漪出生后，于家先后又
增加了三个弟弟一个妹妹。每忆及童年和家庭，"克勤，
克己"是父母留给于漪的深刻印象。普通民众七口之家，
在当时不算小，却也很常见——有的家庭育有子女十几

黄仁宇，美籍华人学者。早年求学于南开大学，抗战爆发后弃学从戎，1946
年赴美求学，获密歇根大学历史学博士学位。著有《明代的漕运》《十六世
纪明代中国之财政与税收》《放宽历史的视界》《中国大历史》等，其代表
作《万历十五年》所倡导的大历史观在华人世界影响广泛

个，最后存活下来七八个，当年并不少见——但要维持
这样一大家的生计并非易事。"克勤，克己"本是中华
传统美德，在江南文化中表现得尤为突出，就是吃苦耐
劳、勤俭礼让，这些品质是父母持家的姿态，对于漪的
影响是终身的。于漪在大小场合——上至殿堂，下至课
堂——我们从来没有看到过她身着什么世界名牌，挎过
什么顶级挎包，要知道于漪一直以梅兰芳作为自己职业
形象的审美追求，究竟谁更能表现讲台上的梅兰芳，相
信读者会有自己的判断。时代不同，个性有别，红妆未
必媚俗，素妆或有单调，在此无意作价值诱导。红素之
别背后隐现的是现代西方消费主义文化与传统中国简朴
克己文化。传统中国也有"富贵不还乡，如衣锦夜行"
的功利思想，但总体推崇"黜奢崇俭""戒奢以俭"的
道德审美，这些观念在普通民众中传习久远。早年"新
三年，旧三年，缝缝补补又三年""新阿大，旧阿二，
破阿三"这些俗语在民间的传颂多反映了这样的社群文
化，这些品质在于漪身上表现得极为充分。于漪家里看
不到奢华的装饰，甚至没有一个像样的书房，客厅里边
放置一个简易的沙发，正对着沙发依墙放置一排书柜，
靠近阳台一头嵌进去一张不满一米长的小书桌。于漪和

先生黄老师，一个人民教育家、一个顶级大学历史学教授，两位老人共用这么一个写字的地方，数百万字的于漪全集，就是坐在简陋的硬木圆凳上一个字一个字写出来的。于漪说，黄老师还经常坐在小板凳上把小圆凳当桌子写东西。不能说于漪家庭没有改善物质生活的条件，而是"克勤，克己"的文化早已刻在了于漪的生命里。

三、一笔一画字，踏踏实实人

时代的变轨总是在不期之间到来。1937 年 7 月 7 日的那个夜晚，卢沟桥边上的炮声，击碎了无数中国人的梦，民国短暂的发展期画上了终止符，普通民众在百年历史中获得的短暂平静也结束了。随着日军铁骑横行，抗战救亡的局势以人们没有预想的情形急速直下，遍及全国，延续了整整八年。

于漪时年八岁，正值学龄期，她就读的学校是镇江的薛家巷小学，于漪至今仍然记得学校的课堂。教识字课的赵老师年纪很大了，是个老奶奶，特别和善。那个时候学生都以毛笔书写，入学要"描红"，可是交上去的都是"大花脸"，赵老师也不急，也不批评，就告诉大家描字要一笔一画来。她还教给小朋友一个有趣的方法，把自己描过的字举过头顶对着阳光照，黑字镶红边不仅好看，而且知道自己哪里没描好。于漪至今写字不急，一笔一画，提按转承，既不拖泥带水，又不故作姿态，古人云字如其人，方正的是字，从容的是人。

于漪为我们回忆一笔一画描红的细节至今值得每一位老师细细揣摩。初等教育的基本使命就是帮助儿童初步认识并适应人类拓蛮建立起来的人文自然环境，这是一种大体知晓、懵懂未明的轮廓型认知，所以又称启蒙或开蒙教育。启蒙教育不是哪个天才或大权在握者凭意志拍脑袋决定的，而是由人的生理特征和认知思维规律决定的。开蒙写字要一笔一画，是因为这个年龄的儿童肌肉还不发达，骨骼还不强健，认方块字的眼力还不准足，按步骤做事情的能力还不充分，字写得急、写得快，会影响到字体结构的协调、肌肉骨骼的生长、认字的准确、循序做事的思维条理以及稳健从容的性格意志，等等。写字教育的丰富性、不可替代性就在这个过程中。遗憾的是，这些并不复杂的育人道理，不要说家长充耳不闻，连学校教师都视而不见。小学课堂上书写规范不训练，校园里哗众取宠的学生书法却随处展示，反观研

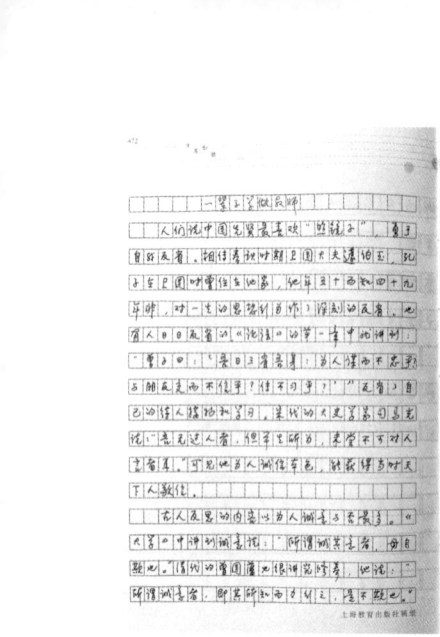

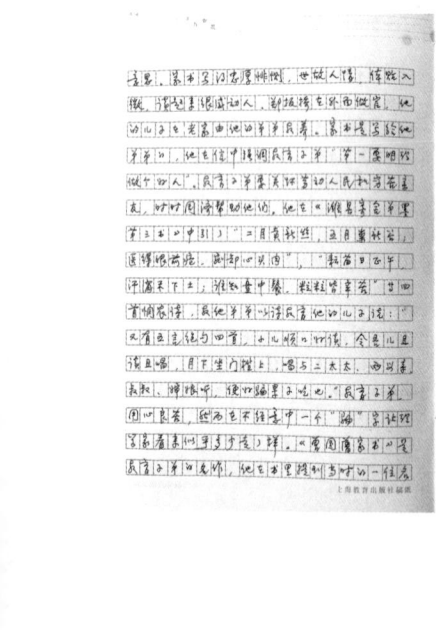

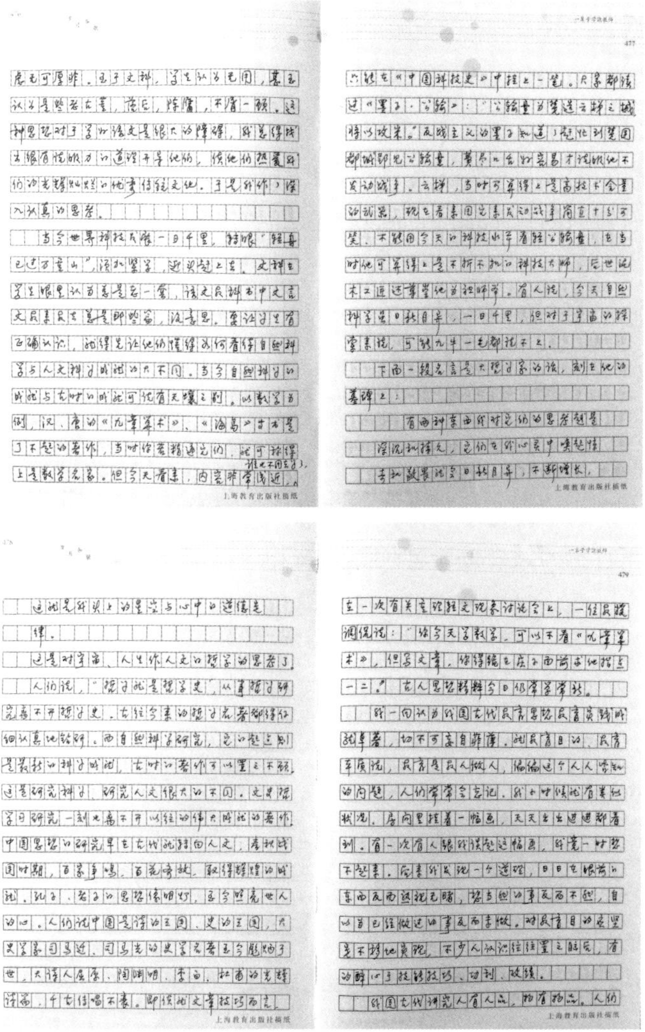
虑毛可厚非。至于文科，学生认为无用，甚至认为是些老古董，落后，陈旧，不屑一顾。这种思想对于学好语文是很大的障碍，我总得找出很有说服力的道理开导他们，使他们热爱我们的光辉灿烂的优秀传统文化。于是我作了深入认真的思考。

当今世界科技发展一日千里，"轻舟已过万重山"，读书学习，要迎头赶上。文科在学生眼里认为总是老一套，语文教科书中文言文篇目又总是那些篇，没意思。要让学生有正确认识，就得先让他们懂得为何看待自然科学与人文科学成就的大不同。当今自然科学的成就与古时的成就可说有天壤之别。以数学为例，汉、唐的《九章算术》、《海岛》等书是了不起的著作，当时谁要精通它们，就可称得上是数学名家。但今天看来，内容非常浅近，谁也不用去学了，

只能在《中国科技史》中挂上一笔。大家都读过《墨子·公输》："公输盘为楚造云梯之械，将以攻宋。"反战主义的墨子知道了，赶忙到楚国都城郢见公输盘，费尽心力舍好言易才说服他不发动战争。云梯，当时可算得上是高技术含量的武器，现在看来用它来发动战争简直十分可笑。不能用今天的科技水平看轻公输盘，在当时他可算得上是不折不扣的科技大师，后世木工匠还尊崇他为祖师爷。有人说，今天自然科学是日新月异，一日千里，但对于宇宙的探索来说，可能九牛一毛都说不上。

下面一段名言是大哲学家康德的话，刻在他的墓碑上：

有两种东西我对它们的思考越是深沉和持久，它们在我心灵中唤起惊奇和敬畏就会日新月异，不断增长。

这就是我头上的星空与心中的道德定律。

这是对宇宙、人生作人文的哲学的思考了。人们说，"哲学就是哲学史"，从事哲学研究离不开哲学史。古往今来的哲学名著都得仔细认真地钻研。而自然科学研究，它的起点则是最新的科学成就，古时的著作可以置之不顾，这是研究科学、研究人文很大的不同。文史哲学习研究一刻也离不开以往的伟大成就的著作。中国思想的研究早在古代就转向人文，春秋战国时期，百家争鸣、百花齐放，取得辉煌的成就。孔子、老子的思想像明灯，至今照亮世人的心。人们说中国是诗的王国、史的王国，大史学家司马迁、司马光的史学名著至今彪炳于世，大诗人屈原、陶渊明、李白、杜甫的光辉诗篇，千古传唱不衰。即使就文章技巧而言，

在一次有关古诗文教学讨论会上，一位长者调侃说："你今天学数学，可以不看《九章算术》，但写文章，你得跪在庄子面前求他指点一二。"古人思想精粹今日仍常学常新。

我一向认为我国古代教育思想教育实践成就卓著，切不可妄自菲薄。就教育目的、教育本质说，教育是教人做人，偏偏这个人人皆知的问题，人们常常会忘记。我小时候就有类似状况，房间里挂着一幅画，天天出出进进都看到。有一次有人跟我谈起这幅画，我竟一时想不起来。后来我发现一个道理，日日在眼前的东西反而熟视无睹，越是熟的事反而不熟，自以为已经做过的事反而未做。对教育目的也是不够地贯彻，不少人认识往往置之脑后，有的醉心于技能技巧、功利、政绩。

我国古代讲究人有人品，物有物品。人们

于漪《岁月如歌》手稿一组。方正的是字，从容的是人

究生中字体端正的书写却难得一见。如今人人不输起跑线，把学习过程中原本理所应当的内容空置于一边，引导懵懂的学童用依样画葫芦模仿来的所谓书法为自己赢得一块升学途中的敲门砖、为学校撑起一个所谓的特色，诚不知如此教育我们要给蒙童什么样的价值观？诚不知这般拔苗助长如何扛起既缺少创新又正在老去的社会？一笔一画看似简单，却是老老实实做人、踏踏实实做事的性格反映。上一笔没有收，下一画便不可起，蒙童立身之始就训练他们依步骤、按顺序行事，不仅有助于字正行端，还有助于他们提高认知效能，杜绝贪速取巧心念。感谢镇江薛家巷小学的这位赵老师，她的一笔一画写字不仅为我们塑造了一个鲜活的于漪，也让我们有机会重新领略了初等教育的大学问。

四、最后一课《苏武牧羊》

于漪记得，学校有一架风琴，教音乐的是一位年轻的男教师，一边手敲琴键，一边脚踩踏板。风琴有点破旧，发出唧呀嘎呀的风箱声，和着《卖报歌》的旋律小伙伴们兴奋地唱起了"啦啦啦，啦啦啦，我是卖报的小行家……"；伴着老师认真投入的挥臂指挥，孩子们激情无比齐声高唱"起来！不愿做奴隶的人们……"，《义勇军进行曲》的歌声回荡在校园的上空。

《卖报歌》创作于 1933 年，《义勇军进行曲》诞生于 1935 年，两首歌曲都由聂耳作曲，分别由安娥和田汉作词。前曲表现的是上海街头一个十岁小女孩忍饥挨饿卖报帮助病重父亲的艰辛生活。后曲是电影《风云儿女》的主题歌，词曲铿锵雄伟，表达了"九一八"之后中华儿女在强敌入侵之时勇敢顽强的气概，新中国建立以后被定为我国国歌。这两首歌当时就是进步歌曲，表达了民众对祖国家园的热爱和对美好生活的向往，受到了民众的欢迎和传唱，很快从上海传向全国，也传到了小于漪所在的镇江小学校，可见，这位音乐教师年纪虽轻，气魄不凡。要知道当年田汉是在狱中完成了《义勇军进行曲》的填词，聂耳直接避难到日本并在那里完成乐曲创作的。可见，祖国对于中华儿女的感召力是任何力量无法阻挡的；可见，教育的影响和感染性总是和学生喜闻乐见的形式联系在一起的；可见，润州、京口的江南文化所具有的内蕴。

刻骨铭心的记忆会伴随一个人的终身。八岁的于漪

图为任伯年作《苏武牧羊》。"武既至海上,廪食不至,掘野鼠去草实而食之。杖汉节牧羊,卧起操持,节旄尽落。"(《汉书·苏武传》)

如何忘得了自己少年的这"最后一课"。淞沪保卫战失
利后，日本侵略军的枪炮声迫近镇江，民众正常的生活
已经无法继续了。这一天，年轻的音乐老师走进教室，
含着眼泪教孩子们唱了一首《苏武牧羊》。苏武是汉朝
的中郎将，被武帝派遣出使匈奴，竟遭无理扣压，匈奴
为胁迫苏武投降使出各种手段威逼利诱，直至辱其牧羊，
但苏武忠贞不屈，毫不退缩，"杖汉节牧羊，卧起操持，
节旄尽落"。古时之"节"，乃使臣出使的符节，代表
朝廷之权力象征。苏武就始终操持着代表大汉皇权这一
节杖去草地牧羊，每天醒来睡下始终抱着它，节上的旄
毛都被握持磨光了，熬过了整整十九个艰辛年头，终于
回到了汉朝，此时的苏武发须都已变白。《苏武牧羊》
这首歌民国初年由蒋荫棠、田锡侯根据班固《汉书·苏
武传》的历史故事作词、编曲创作而成，很快便流传开来，
成为民国的学堂乐歌。1937 年 11 月镇江薛家巷小学音
乐课上的这一刻，历史人物的悲壮命运与爱国深情，通
过古朴流畅的旋律、简洁深沉的歌词，深深地触痛了于
漪和她的小伙伴们，"爱国"的意识埋进了少年的血液里，
成为他们一生的价值坐标。

《苏武牧羊》

蒋荫棠词

苏武，留胡节不辱。
雪地又冰天，
穷愁十九年。

豫剧《苏武牧羊》剧照

渴饮雪，

饥吞毡，

牧羊北海边。

心存汉社稷，

旄落犹未还。

历尽难中难，

心如铁石坚。

夜坐塞上时听笳声，

入耳痛心酸。

转眼北风吹，

雁群汉关飞。

白发娘，

望儿归，

红妆守空帏，

三更同入梦，

两地谁梦谁？

任海枯石烂，

大节不稍亏。

终教匈奴心惊胆碎，

拱服汉德威。

伴随着这"最后一课"歌声的沉寂，于漪喜爱的薛家巷小学解散了。于漪和她家人开始了逃难生活。

五、流离失所思家国

寒冬临近，日军飞机在镇江上空不断盘旋，瞬间呼

班固所作《汉书》，明版崇祯汲古阁刻本。《汉书·薛广德传》中言："窃见关东困极，人民流离。" 汉语始有"流离"一词，意为离开家乡，没有一定的居处。后世遂出成语"流离失所"

啸着向下俯冲，从房顶上掠过，扔下的炸弹在近处爆炸，一时火光冲天，警报声响成一片，街道上的人见状四散逃去，家中的小孩赶紧钻到桌子底下，个个吓得脸色铁青……于漪的父亲亲眼看着一夏姓邻居的居所被日军扔下的炸弹夷为平地，全家人顷刻间遇难。镇江城里的生活已经处于极度危险状态中，于家决定往新洲乡下暂避。岂知，出得家门便是逃难，一路车船拥挤杂乱，锅盖棉被肩扛手提，扶老携小哭喊不绝，人在途中家在旷野。又岂知，这一避便不知何日可以重返家园，回来时可还是从前的那个家。事实上，两年后于漪一家返回老宅，镇江这个润州、京口之城已是一片荒凉萧瑟，夏家废墟堆上破碎的瓦砾爬满了青苔。而于家也未能幸免，墙壁上弹孔刀印交错，室内早被洗劫一空，只剩缺脚的桌凳，四壁孤立，家园碎了。家园——人类躲避危难、繁衍世代的居所——对生活于20世纪上半叶的中国人来说饱含着何其热烈与辛酸的情感，唯能从他们刻骨铭心的生活岁月里才能咀嚼得到一丝滋味。如果说，《苏武牧羊》是课堂里于漪获得的最难忘的爱国感知，那么逃难途中一幕幕国破危难的人世景象则在九岁的于漪心灵烙上了最深沉的爱国体认。

不久，于漪的母亲染上了伤寒重症，这病在当时死亡率相当高，就算正规的医院也没有特效的治疗手段和药物。逃难在乡下的于家更没有条件请医治疗，于母高烧不退躺在床上病得连话都说不出来。万幸的是，在家人的照顾下母亲奇迹般地挺了过来，身体慢慢好了起来。作为家中长姐，于漪照顾母亲、照看几个弟弟，还分担了家中许多生活杂务，对生活的艰辛有了切身的感受。虽然随父母逃难的这两年于漪中断了学业，却并没有缺失教育。国破了，城陷了，家失了，卫国者牺牲了，生活的平静消失了，亲人命悬生死一线的惶恐，还有哪种教育比这刻骨铭心的生活对一个九岁少年的心灵更有冲击力呢？人，不是一天天长大的，而是面对突如其来的生活一夜之间成熟的。

于漪下巴内侧有一道疤痕，那是她们逃难深夜抵达新洲乡下亲友家门口的时候，又是兴奋，又是疲惫，又是昏暗，又是陌生，进门的瞬间被门槛绊倒，磕破了下巴流了好多血。在那样的环境里夜间无处求医，父亲按民间旧习从灶膛里抹了一把草木灰敷在伤口，血算是止住了，但是疤痕却在于漪脸上烙下了印记。每每提及这道疤痕，于漪的记忆生动鲜活。这不由得让我们想到鲁

迅的《少年闰土》。非是这位叫"闰土"的小友如何特殊，
而是彼时的鲁迅正遭遇着家庭中落的突变才使一个异样
的少年伙伴变得印象突出。对于鲁迅而言与其说是记述
着一个少时的玩伴，不如说印刻着家道衰弱的记忆。对
于于漪来说，逃难路上虽有不同于平日的新鲜生活景象，
然而灼痛着心灵的是处处杂乱、时时惶恐、日日疲惫，
及至浮现在记忆尽头的意外受伤，遂使"门槛""淌血""灶
膛""草木灰"……这些记忆便变得新奇生动。人的记
忆看似捕捉着生活的某些细节或意外，那是记忆之峰，
其实感知的高原是烙在每个人心底的。或苦难动荡或幸
福荣耀。它们作为潜意识不时会参与日后的生活经验判
断，这就是所谓的"体认"——由感而知，由知而认，
由认而信——理性确立的过程。"道德可教吗"的奥义
即在于此。关于道德的知识可以传述、可以对答，道德
信念的确立、道德行为的践行则是融入个人生命体验过
程的。爱国主义教育何曾是"教育"的内容？而今人动
辄所谓"德育"经验，又有多少是德育的呢？教育本谓
教养，离开了教养诸育原无独立的地位。对于生于战乱
年代的民众而言，平和实属最高欲求，守护平和在任何
时候都是他们的底线认知。而在"糖水"里长大的一代

人经验里，平静的日子了无激情，生活的追求唯新奇刺激方算挑战。岂知，"挑战"的对面何尝只是艰难坎坷，未尝不会好高骛远，两端之间堆列着千姿百态的对象，克之则成，不克则毁。套用维特根斯坦一言，可说的是代沟，不可说的是臆想之玄与抱负之念。两年逃难的岁月，是生活给于漪最真实的教育，于漪建立起了对家国、对人民最深沉的情感，以及对平和生活最真切的理解，虽然其时她可能还不会说今日十龄童人人会说的那套漂亮的话，但是生命之魂就此滴灌进了于漪的心灵。

不久，在亲友的帮助下，于漪一家来到上海并借住在亲戚家。从避难新洲到流亡上海，于家能够奔走投靠的多是亲友，族亲的观念在于漪的头脑中进一步得到了强化，而助人于危难的善念也悄悄地注入了于漪的心底。日后，人们每每以"著名特级教师于漪"开始其追述与于漪的交往历程，言者仰视的心理多少隐伏其间，可随后却总意外地被这位"著名"人物的谦和慈爱所感染。很多人都说"于老师对谁都很好"，言于漪对别人有求必应，不少人仰慕于漪的教育情怀，或邀为题词作序，或请作指导报告，于漪都慨然应允，且从不敷衍。在旁人眼里这些或是"于老师对谁都好"的印证，唯对于漪

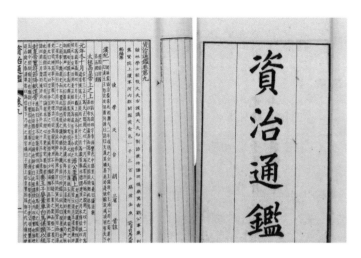

《资治通鉴》是中国第一部编年体通史，由北宋权臣司马光主编，宋神宗认为此书"鉴于往事，有资于治道"

自己来说绝无"讨好"他人的心理，而是助人当助的善意。这既有师者躬行自律的一面，也有成长过程中所体认的与人为善、助人于危难的善行一面。不是每一位"著名"人物都会"对谁都好"，于漪不会不知道不是每一次受托都能产生感染的成效，其中借用一些声望的情形也不会没有，却还是"对谁都好"，那是一个人从小习得的教养和对族群同胞的善念。

　　孟子谓性善，荀子谓性恶，善性得自天未必可靠，

恶性出于利未必虚假，扬善避恶是修身的至境，它是我们生活的一部分，何尝不是教育的延续和深化呢？而族亲的观念对于漪日后从教所产生的影响，远未引起于漪研究的必要重视。于漪经常说，"今日的教育质量，就是明日的国民素质"，这种基于国家民族立场的教育目的认知或可通过教育理论的学习获得，而要把这种认知转化为教育信念，它一定和个人重大的生活、职业经历有内在关联。

传统中国社会以天下为最上层结构，以氏族为底层结构，上有天子，下有乡绅，皇帝虽贵为普世最高权力者，其管理很少超出朝廷——中央政府的最高管理机构，而地方权力主要由皇帝委派的封疆大吏代为管理。其实各式抚台、藩台、布政、总督对广域事务同样管不过来，所谓"天高皇帝远"就是这么来的。只到县衙这一级才多少承担了地方的一些管理职能，但是因农耕生产形态相对单一，除了财税、诉讼等一些公共事务，底层民众的日常生活受到上述权力直接管控的时候并不多，市井乡村的生活劳动都由家族尊长依礼法维护，所以普通民众对族亲的依赖逐渐积淀为普遍的民族心理。即便是到了 21 世纪的今天，国人在就医养老、入学就读、择业置产等等过程中都看得到亲情乡情的身影，不妨引申一步，看看隐蔽于今日风光都市里的宗亲同乡会之兴盛与实力，或许容易理解李泽厚所谓的"情法社会"。由此，个体获得了在命运关联群体中生存的初步认知。唯当人们遭遇民族存续重大变故之际，这种族亲观念在理性和情感双重激发下，很容易升华为家国情怀的深度体认。所以，于漪响亮地发声："教师一个肩膀挑着学生的现在，一个肩膀挑着国家的未来。"对于沉湎于应试节奏的口体劳动者或被内卷的职业压得气喘吁吁的弱势从教者，这一声确有振聋发聩之功。

不难分辨，这些被中小幼教师和民众广为传颂的教育思想不是出于前人的经典表述，完全是于漪发自肺腑的心声。本书内篇多有论述的于漪这一系列教育思想，标志着一名师者确立了稳定的职业伦理，而它们与个人特殊的生活历程须臾不离。

六、孤岛知生活

上海之所以成为于漪一家迁徙的城市，固然是得到亲友的接应，也离不开上海这个城市的既有特质。其一

李泽厚，中国社科院哲学研究所研究员，20世纪80年代起，围绕中国近代思想史、哲学、美学等发表众多文章，著述丰硕，影响广泛，晚年移居美国仍不停思考中国的前途和思想文化问题，提出中国文化具有情法特点，有别于西方传统的理法社会

是租界文化，使得上海这座城市从开埠起就内生了包容的特质，彼时的上海被誉为远东第一城市，开埠已近百年，所谓十里洋场，华洋混居，五光十色。那是一个远非传统城镇可以比拟的现代社会，既有现代工商业的滥觞，又有都市文化的兴盛，既有西方文明的新奇，又有本土传统的应变，在这里人不分南北东西，英雄不问出身。而租界所引导的资本主义的生产方式，进一步助推了这种文化的成形，所谓海纳百川初成格局。这些对于于漪及其弟弟妹妹日后的成长都有深远的影响。其二是上海的孤岛效应，英法美日等国在这里都有各自的租界，相对独立地维护租界内的社会秩序。七七事变之后，越来越多的国土被日军野蛮侵占，淞沪会战失败后上海也很快沦陷。但因尚未向同盟国宣战，日本还不敢轻易冒犯美英法在上海的租界，这就使得民众可以在租界区内得到一些基本的生活保障。

而对于于漪父亲来说还有更重要的心愿——让几个子女回到课堂。这样的观念恐怕终究和江南文化的底蕴、传统密不可分。在这里，读书不仅是千百年来引领底层民众走向光明的唯一通途，也是普通家庭出入社会的本分愿望。如今，于漪一家三代六人，无一例外全部读书从教，初心乎？文化乎？当年，即便是在最困难的时候于漪的父亲还是想着如何让几个子女回到课堂。终于，于漪和大弟弟又可以上学了，孩子是高兴了，于家也似乎看到了一丝生活前景。

然而，每天睁开眼睛柴米油盐等着开锅，一大家人连着年迈的祖父，生计问题却沉沉地压在了于漪父母的肩膀上。外边由父亲做些小本买卖算是有些收入，里边主要是母亲操持家务，全家人勉强度日。经历了此前一系列的生活教育，于漪懂事了，她从父亲屡做屡赔、屡赔屡做的失败经验中感知了生活不易，时世艰难，而再困难的局面总得要有人站出来，担起责。日后，于漪从教中"三次备课"①、从备课到"背课"、不断挑战公开课、指导问题学生、钻研语文教学、代表一线教师参与国家语文教学大纲修订、任职校长后由高中转师范又从师范

————————————

① 于漪上一堂课，要经过三次备课的过程。第一次备课不看任何参考书、资料和教参，全凭自己的理解对教材进行一次整体把握；第二次备课广泛收集各种参考文献资料，看看名师、教育专家是如何授课和对教材进行分析的，同时思考三个问题：(1)哪些问题参考材料上想到了，我也想到了，(2)哪些问题参考材料上想到了，我没想到，(3)哪些问题参考材料上没有想到，我想到了；第三次备课是在上一个平行班之后，总结经验，进行教学反思之后再备一次课。

转回高中的一次又一次挑战，到一再向社会呼吁改善教师待遇，以及退而不休为教育生态的改进与立德树人的实施奔走呼号……可以说，没有一次不是面临各种艰难困苦，却被于漪一个一个跨越而过，这些不是她天赋比别人怎么高，而是迎难而上、努力工作的品格使然。生活不易，做好工作何曾容易？时世艰难，处理好各种关系何曾简单？于漪的独子自幼体弱，多少次发高烧需要照顾，但于漪总是将这些置于一边全身心投入对学生的指导。日后忆及这些于漪多是愧疚却谈不上后悔，因为只要这样的情形再次出现她还是会一如既往，因为生活早就教会了于漪，再困难总需要有人站出来，总要有人承担，因为面对困难更需要努力工作。

七、"学点本领，做个好人，孝顺妈妈"

不久太平洋战争爆发，孤岛沦陷了，日军肆意占领了整个上海，普通民众的生活就像急雨中的浮萍，漂泊不知所往。岂知，对于于漪一家来说更大的不幸接踵而至。于漪 14 岁时，父亲因肺结核病不幸离世，兄妹五人由母亲拉扯抚养长大，于漪是家中长女，当时小妹才

1岁。临终前父亲把几个孩子叫到跟前，嘱托他们"学点本领，做个好人，孝顺妈妈"，随即挥手示意他们离开以免被感染。"学点本领，做个好人，孝顺妈妈"，这三句话陪伴着于漪姐弟的成长，成为他们立世的重要精神力量。

于母拉扯五个孩子艰难度日，其困苦可以想见。了不起的是这位识字不多、见识不凡的母亲，通过自己的努力成全了五个子女通过读书走上"学点本领，做个好人"的正道。她以勤劳、善良和忍让造就了于氏一门五英才，这在镇江无异于传奇。于漪的大弟于渤，一路通过奖学金考进浙江大学电机系，毕业后留校任教，从事电力系统自动化研究，是我国能源电工工程的权威；二弟于洸，北京大学地质地理学系毕业，先后担任过北京大学副校长、首都师范大学党委书记，主编《中外著名山川湖泊辞典》，填补了我国地理学方面的空白；三弟于渌，学习成绩优异，高中毕业后被公费派往苏联哈尔科夫大学攻读理论物理，回国后在中国科学院从事理论物理研究，担任过中科院交叉学科理论研究中心主任等职，后当选为中科院院士、第三世界科学院院士；小妹于涟，毕业于浙江农业大学，"文革"结束后回浙江农

于漪全家合影，前排左三为于漪的母亲

大任教，后任动物科学院院长等职，主持并完成研究课题十二项，后升任浙江省科学技术委员会副主任。于氏五英才，既不同于创造个人神话的"美国梦"，也有别于文化世代传袭的"民国梦"。于漪姐弟出生于中国普通家庭，他们的成长既没有显赫的家庭背景，也不是全凭个人奋斗，他们生于战乱年代，长在祖国站立之际，自觉接受了党的政治思想引导，通过个人努力和组织培养，最后成为对国家和人民有用的人，成为一个时代的符号。不夸张地说，于漪和她的弟弟妹妹是新中国梦的集中体现。考察历史，其实当年这样的典型并非个例，这些时代楷模们深切地体会到普通民众在乱世中的苦难，对于个人的安生与集体的稳定有着强烈的历史认知，总是通过自己的努力把个人的价值毫不犹豫地投入到国家、民族和人民的事业中。从这样的意义上说，对他们冠名"人民教育家""人民艺术家""人民科学家""人民劳动家"是最贴切不过的了。

对于一般家庭来说，出一两个人才已属不易，而要一门五子女全成才那就不能用幸运、偶然来解释了。在中国，普通民众通过读书安家立身这是千年传统，唯供养孩子读书需要成本，供养五个孩子读到大学这在20世纪四五十年代绝对不是一件容易的事。在感慨于母的勤劳能干、艰苦卓绝的同时，更感佩一个普通妇女的远见卓识。这种能量从哪里来？想来离不开文化信念，这不由得让我们想到"润州""京口"的底蕴，想到江南文化的传统。在这块土地上，人们尚务实戒虚饰，崇孝善鄙浮夸。这些观念早已植根于于漪父亲的生命意识之中，才有"学点本领，做个好人，孝顺妈妈"的临终留言。

父辈希望子辈好，这大概是世之常理，今人望子成龙的愿望可以理解却多半无法成真。但在于漪父亲那里对子女的期待真实得连假如都没有，归结起来就是做一个好人，用于母的话说"善良，忍让，想着别人"，千百年来普通民众的"好人"就是如此直白、明了，却毫不含糊。好人怎么生存？靠本领，老百姓的本领是什么，就是解决问题的技能，拿成果说话。好人是性善，本领是事功，性不善终将为害社会，性善而没有本领也无法见容于社会，有了本领便可从容进出社会。于漪和弟妹学教育、搞科技、钻农研，多是救国觉民的实在事业，她和弟妹五人谨遵父亲的教导，可谓本分实诚。本领从哪里来？不是巧取捷径，而是老实学习，观察、练习、琢磨、精进，经年累月方得要领。本事随身，本领内成。作业如何可能抄会？外"用"终难化为内"体"。于漪课上得好，是一课一课反复备下来的；字写得正，是一字一字端庄练出来的；文语练达，是一册一册学研垒起来的，不走捷径，狠下苦功，日耕不辍，这些品质多能在于家文化中找到痕迹。最后要说孝亲，孝与孝道是中国人安身立命的基础，是中国人自古以来的人道，也是

子曰："弟子入则孝，出则悌，谨而信，泛爱众，而亲仁。行有余力，则以学文。"
语出《论语·学而》

维系家族的重要精神力量，子孝母慈，长幼融融，它们
是必然的伦理逻辑。于母供养五个孩子读完大学，其间
的手中慈线我们未能得缘受教，而于家姐弟兄妹友爱扶
持的亲情却听于漪经常提及。赘补一句，"入则孝，出
则悌"，根据夫子的观念，"孝"立，则"悌"出，在
家能行孝，出门方会敬尊师长，而后会有信、爱众、亲仁。
看似一个"孝"字，潜伏着传习千年的儒家修身种子，
当它遇到文化的启迪，便会将潜在的逻辑转化为立世的
教养。于家潜移默化地传接了这种文化，并为我们作出
了典范。可见，孝亲文化对国人的重要性，不知今日还
有几多家庭明白这样的道理。

八、出门求学，立身三条

日军入侵，新洲逃难，孤岛求生，父亲病逝……于
家几经搬迁，早已一贫如洗，如今靠着于母缝缝补补艰
难维持生计。这一家老的老，小的小，接下来该走向何
方呢？母亲有意让孩子们继续读书，但是一家人肚子都
吃不饱哪来条件读书呢？祖父总算开明，表示如果不要
家里负担，就可以去上学。正巧办在苏州的江苏教育学

太史公曰："《传》曰：'其身正，不令而行；其身不正，虽令不从。'其李将军之谓也！余睹李将军，悛悛如鄙人，口不能道辞。及死之日，天下知与不知，皆为尽哀。彼其忠实心诚信于士大夫也？谚曰：'桃李不言，下自成蹊。'此言虽小，可以谕大也。"（《史记·李将军列传》）"桃李不言，下自成蹊"遂由将军李广的才干和品行，演化为对世人嘉言懿行的赞美，流传至今院附属师范学校到镇江来招生，免学费，包食宿，于漪马上去报考，幸运地被录取了。那个年代读师范是许多贫苦家庭孩子的主要出路，他们读书刻苦，窘于生活，选择师范可以享受免费的学习，还可获得基本生活保障，引来众多平民子弟前去报考，当然竞争也常常比较激烈。夏丏尊曾经不无调侃地自谑："命苦不如趁早死，家贫无奈做先生。"多少反映了当时普通民众欲求出路的心迹。有意思的是，因无奈当上先生的日后有不少成为了一代一代的师者楷模，成为了杏坛的一道风景，后人屡念其人师功德，冠以"桃李不言，下自成蹊"的赞誉，却甚少见到有人剖其社会历史脉络。其实，对于人生的顺达自古至今凡夫俗子何曾"有奈"？"无奈"之念出于人生，而执念于人生者，几人不认真？是以，叹无奈，实有成，岂非常伦？

总之，于漪求学之路延续了下来，这对于家来说，真是个好兆头啊。

要开学了，临行前母亲的叮嘱于漪是难忘的。这一年于漪15岁，父亲离世不久，家里上有年迈的祖父，下有弟妹四人尚未成年，作为长女的于漪这一出门，一家重任都压在母亲身上。即便如此母亲却放不下远去独

自求学谋生的孩子。母亲的嘱托主要有三条：独立自强，遇事多动脑；做人要有德行，与人相处宁可吃亏，不要占人便宜；尊敬师长，友爱同学。

独立自强，首先是不依附。于漪行走杏坛七十余年，得前辈同行帮助不少，但没有入过哪个圈，难的是她不立门户，不设圈。今人动辄高调宣称自由、个性，却常常热衷于山门圈子，不自肃何以立？其次是不自我放逐。前进中不可能不遇到困难，有的人遇到难处就后退，那就不可能强大，于漪从教过程中遭遇的困难不计其数，战胜这些困难的精神力量主要是自强，自己强才会强。遇事多动脑，即独立思考，这是独立自强的必要保障。善于动脑，于漪才会钻研教材，研究学生，发现教育的问题。凡于漪出现的那些场合，"这一个"于漪的标识令人印象深刻，这是于漪独立自强、善于思考的最好旁证。有领导甚至提出"于漪之问""于漪之忧""于漪之答"[①] 来贯穿于漪研究的线索，这是很有见地的。

做人有德行，可以看成是修身的自然行为结果。德行有种种，普通民众很难有兼济天下的抱负，自然难言

---

①王荣华. 问道教育四十年 [M]. 上海：上海人民出版社，2022：143.

立德、立功、立言之"达德"。在于母那里，最真实的
一条就是与人相处宁可吃亏，不要占人便宜。人与人相
处难免有利益交换，占人便宜或有暗喜，日久天长养成
了一种习惯心理，凡事占不了便宜便心生不快，旁人则
避之唯恐不及，而自己却浑然不自知。如此为人属于私
德有亏，这样的人很难见容于他人、自立于社会。所以
于母告诫于漪"宁可吃亏"。于家姐弟五人，日后都各
有所成，他们却做到了秉公行事，从不徇私，就是于母"不
要占人便宜"教诲的结果。于漪出名几十年，交往的人
员众多，宁可吃亏、不占便宜是做出表率的。经常去于
漪家的人都有一个体验，于家在黄兴路上的小区并不宽
阔，来访者不断，车辆进出小区多不方便，但只要报上
于漪大名，总能受到保安热情的引导。一次偶然从同行
者口中才得知，于漪和家人经常在逢年过节会专门去答
谢小区的保安，不经意之间我们得到了方便。

尊敬师长，友爱同学，看上去是求学中的当然礼仪，
习为教养便成师者的必要举止。事实上，于漪对于结识
的友朋，不论身份、年龄，多表现得端庄、尊重、亲切、
自然。于漪常常会忆及语文界、教育界一些前辈学者，
或读他们的著作，或与他们交流讨论，或受托承担一些

具体工作，敬重之情溢于言表。一些青年教师仰慕于漪，或邀为合照，或请为签名，于漪总是谦和地配合，有的签名上会留下"××小友"这样温暖的题字。

于母之嘱，第一条是修身，第二条是社交，第三条是进学，它们多由儒家传统而出，转为底层民众的素朴信条，不事奢华，言简意赅，却真实见效。这三条，于漪不是铭记，而是化为自己一生的言行，不妨说它们奠立了师者于漪的精神底色。

九、迎风向前，无畏背纤

师范学习生活仅过了一年，抗战胜利了，而学校却面临停办调整。于漪没有气馁，继续报考，这一回她和大弟一起投考了淮安中学。淮安中学是当时江苏省省立中学，我们耳熟能详的苏州中学、扬州中学、上海中学、中央大学附属中学（今南师大附中）、金陵中学等都是当时江苏省的省立中学。淮安中学当时在镇江临时复校，招的人很少，姐弟俩居然同时被录取了，似乎预示着于家大门渐次开启。

多年抗战，校舍场地毁的毁，占的占，复校是一项艰苦的工作。临时复校的第一要务就是把师生先组织起来，开展一些基本的教学，至于办学的条件那是后续的工作了。淮安中学当时的临时教学点设在镇江东门外的一座小山上，说是校舍，其实就是几间破房子，课桌椅也是缺腿少脚，高低杂乱。但是姐弟俩太珍惜这样的机会了，每天起早贪黑，挑灯夜战，学习极其用功。于家在西门外，学校在东门外，他们每天上学要横穿整个城区，没有交通工具全靠步行，每天来回十几公里，就这样天天走读。只是，陪伴并艰苦支撑她苦学的还是于母。于漪回忆说，在没有钟表的年代，妈妈就成了于家姐弟最准时的闹钟，每天为全家安顿生活已经忙不过来，还要为姐弟读书准备午餐，实在是不胜艰辛，好在孩子们全都明白，倍加珍惜，学习倍加勤奋。

一个学期过后，学校根据复校的计划要回搬了，姐弟俩只得再考新校。这一次他们报了镇江中学——当地最优秀的省立中学，争气的这一对姐弟又成功地考上了。这一次，学校离家更远，但是可以住校学习，姐弟俩除了发奋学习，也进一步感受了同伴互助互学中的温暖。

于漪从入师范开始，考学、失学，再报考一所所省立中学，其求学求师之心意，执着坚定。这不仅是她考

"博爱之谓仁，行而宜之之谓义，由是而之焉之谓道，足乎己、无待于外之谓德。仁与义为定名，道与德为虚位。" 韩愈在《原道》中开宗明义地提出了自己的儒道理想学成功的一条秘籍，还是她日后展现师道的个体品质。于漪回忆那些岁月时说，晚上学习，困了便用冷水洗脸，清醒一下大脑；路途遥远，从不迟到缺课；天不亮就出门，直到天黑才拖着沉重的腿回到家，"常常一身泥水地来回，冬天刮大风的时候，迎着风前行……像背纤一样，迎风前行很花力气"，[①]学习却从未懈怠。于漪从教逾七十年，别人是一到年龄就退休，或对付一些事项用来安置时间、发挥余热，于漪是真的从未退休过，七十年间经历了多少社会时代的变迁，"泥水"何止一身？凛冽寒风远胜"背纤"，每一次"迎风向前"都是倾尽全力，于漪展现了卓绝群伦的师者特质，这些品质我们依稀可以在求学成长中的于漪身上看到一些影迹。

今人言师道，都不忘韩愈的传道授业，似乎师道所讨论的就是怎么做老师。其实古人的师道包含为师之道、求师之道与尊师之道[②]三个层面。对于个体而言，求师之道更为根本，一个人一辈子遇上一个好的老师，受益

---

① 中共上海市教育卫生工作委员会，上海市教育委员会，上海市中小学幼儿教师奖励基金会．一生秉烛为教 [M]．上海：上海教育出版社，上海教育音像出版社，2017：7.

② 萧承慎．师道征故 [M]．福州：福建教育出版社，2009：4.

镇江中学一角

终身，所以在民间有"经师易得，人师难求"之喟叹。整个农耕时代以及工业社会的早期，知识仅被权力阶层所掌控，所谓学在官府。对于皇子来说或许不缺太师，官宦门户也可以通过多种渠道延请良师。但对于普通民众而言，却是求师无门。如何寻得一位良师实是一门大学问。《师说》中的韩愈也是借着对"李氏子蟠"的嘉许，侧重谈论的是求师之道。韩文有几层含义：世乃"道"之象，天下世象的背后存在普遍的"道"；人无法天生明"道"；向"得道者"效法学习自己也可以得道；"道"存在的地方就有师，"道之所存，师之所存也"。古人之所以把"师"与"天地君亲"并列，或与它内含着"道"

密不可分。如果把"天地君亲"理解为"天下"结构，
那么"师"便是这一结构中"道"的代言者。它宛如"气"
充斥于天地君亲之间，维护着天下结构。因此，"师"
看上去是一种身份，实际上是一种行为方式。"身份"
与"道"在师者那里合二而一，不妨也可以说"师之所
存，道之所存"，如此作为动词理解的"师"——"效
法"——才被赋予了价值。求师，不是求身份，乃求道，
这就跟求学建立起了内在的联系，它们都是个体进学的
必要条件，或曰先决条件，非自己主观努力难以为功，
所以韩愈才会生出"耻师"之惑。由今来看，这些原本
是自古以来的常识，也是唯物辩证的逻辑，却湮灭在"没
有教不好的学生"的新理念中，不只导致从教者无所适
从，也一定程度上加剧了择校择师的失序，且另论。

十、涵泳是一种教养

"今人不见古时月，今月曾经照古人。"作为后生，
如今的同行难免仰视于漪，似乎于漪天生就是教育家，
注定就是"梅兰芳"。其实，于漪有自己少年的活泼，
也曾被彼时之月所映照，且从彼时之人与月的故事中感

受一种涵泳。

　　某日上课，于漪刚要落座，却发现自己的凳子不见了，四处张望也没发现，这才反应过来应该是同学的恶作剧，无奈只得站着上了一堂课。随即兴起，把这件事写进了作文，这一通对捣蛋鬼的"口诛笔伐"尽情挥洒了少年的才情和意气，正所谓"兴酣落笔摇五岳，诗成笑傲凌沧洲"。气算是出了，但作文交上去之后于漪转念却担心了："坏了，大概要被老师责怪了。"一个真实的少年于漪跃然而出，一边是倒竖两道柳眉、不可凌犯、英气逼人的"穆桂英"；一边是心底温善、好学乖巧、一脸无辜的"美少年"。谁人没有少年？谁人不从少年来？没有脾性，何来品性？社会人之所以安身立命，莫不是确立了为人处事的原则，这个原则也就是脾性，依教养程度有脾性、品性之别，或近"本我"似粗鄙，或趋"超我"更涵泳，居于其间的万千变化便成就了一个个鲜活的个体。

　　要问的是，作为一名教育者对于这样的情形怎么做。每个老师都会有自己的做法，每种做法背后都涉及对教育的理解和对人的认识，而每种做法都有其具体的考虑。因为时代要求不同、教师权力有别、学生个体存在差异，等等，都会形成不同的成效，一概而论某种做法高明或某种做法糟糕，都难免限于形而上学。唯对于漪来说，老师当年非但没有苛责，还在文后大为赞赏地批了一大段："……于生失座，成此佳什，遂使孟嘉落帽韵事不专美于前矣！"[1] 这位老师是了解于漪的，不仅帮于漪卸掉了那块忐忑的石头，还令于漪因这段涵泳文字终身记着这件小事、忆着这位老师。

这句批文连标点不满 30 字，却逐次表达了五层含义，可谓驭繁以简的典范。其一，"失座"是事实。其二，"佳什"赞作品。其三，"孟嘉落帽"是用典，源出《晋书·孟嘉传》，孟嘉为东晋才子，在一次聚会中他的帽子被风吹落不自知而依然风度翩翩，当人们嘲笑他时却被他的从容应对所折服，后人遂用"孟嘉落帽"赞扬一个人气度宽宏，风流倜傥，潇洒儒雅。其四，重点在以"韵事"点破，小事一桩，何必忐忑？又何须无限上纲道德论处？落笔间，少年心头的一场火气化为了文人才俊的潇洒倜傥。其五，结语回到眼前人——"不专美于前"，对少年的这一通褒奖直追古人，前途不可限量啊，换做哪一个学子不狠狠地

---

[1] 于漪. 岁月如歌 [M]. 上海：上海教育出版社，2007：10.

自美滋味一番……嚯，这一轮明月怎一个美字了得？直令当年的学子铭记一生，更让今人见古月，这可是当年省立中学的老师哦。今天，比起一些同行对教育问题喜欢以激烈的方式作怒骂，于漪的批评和呐喊显得涵泳许多，其背后既有前文一再剖析的由时代背景所奠定的价值观差异，还有审美教养上的分别。这些审美或多或少与其求学经历中的诸多凡人轶事表里相参。于漪此后任教，教过的学生无数，遇到的场景更多，在理解学生、判定学生、引导学生的过程中难免会时时想到自己的这次经历，教育的价值就珍藏在一位师者的教育艺术之中。

与其人云亦云地重复"呵护学生心灵"，不如深入剖析师者的教育艺术。

十一、从"一切为民族"到"夜深千帐灯"

今日不少名校多会祭出四言八字或二言八字不等的校训，言简意赅，豪情勃发，对于激励年轻学子有一定的感染力。镇江中学的校训有特色，既非二言，又非四言，而是五个大字——"一切为民族"，不落俗套，旗帜鲜明而又斩钉截铁，令人马上想到少年周恩来"为中华之崛起而读书"，足见当年发展民族教育的使命和抱负。

自19世纪中叶始，百年间中华民族历经磨难，无数仁人志士探索了各种救亡图存的道路，科学救国、实业救国、教育救国，不一而足，而民众总在水深火热之中。后人常常听到"四万万同胞"这句时代的符号语，却很少体认它绝非"四亿中国人"这一数字叙述，而是"中华民族命运共同体"的悲情呐喊。没有民族就没有个人和家庭，在近代史上这是对民族依赖最强烈的一个时代，它构成了当年一大批知识分子和进步人士奔赴延安的社会心理。更早时，张伯苓和严修在天津南开中学提出"允公允能"的办学主张，这个"公"是"天下为公"之"公"，排除了为一己之私或小团体的利益读书。进一步地，这个"公"不是抽象的而是具体的，当民族存亡面临危机，南开的"允公"就是镇江的"为民族"，可见当年镇江中学的办学者所抱有的"四万万同胞"情怀之强烈。有必要延伸一句，与时下一些名校动辄一本率、多少"985"、北大清华有多少，或者"谁以谁为荣"的标榜相比，狭隘与远大，高下立见。人们是否忘记了基础教育的属性？任何时候，基础教育的任务都是培养个体社会成长中的基本素养，与作为专业人才培养的高等教育有本质的区

别。通俗地说，能不能成为专门人才是高等教育的问题；是不是合格的社会公民是基础教育的职责。越俎代庖与拔苗助长都不是好的教育。

难能可贵的是，彼时镇江中学的校训不是高高悬挂在墙头上的，而是深深印刻在课堂和校园的场景之中的。可以说，这是母校给于漪至重的一份精神食粮。

入夜，校园里两个同学合用一盏煤油灯，同学们挑灯夜学。远处看去，油灯透过教室的窗户显得整齐有序，大小不一，高低错落，星星闪闪，于漪说那场景总让她想到纳兰性德的"夜深千帐灯"。

纳兰性德是清初三大词人之一，他的小令《长相思》被民国大学者王国维盛赞为"千古壮观"。

长相思

（清）纳兰性德

山一程，水一程，
身向榆关那畔行。夜深千帐灯。
风一更，雪一更，
聒碎乡心梦不成。故园无此声。

纳兰性德，清初著名词人，自幼饱读诗书，文武兼修。王国维赞其"以自然之眼观物，以自然之舌言情。此由初入中原，未染汉人风气，故能真切如此。北宋以来，一人而已"

　　山、水、风、雪，本是人人都会面对的自然景象，被"一程""一更"带入到塞外时空，引出了"千帐灯"与"梦不成"的景观与惆怅。如果说王国维从"夜深千帐灯"中获得的是"千古壮观"的审美，那么到学子于漪和她的同学那里激发出的则是为民族发愤学习的动力。它们拥有共同的山、水、风、雪背景，也经历了"一程""一更"的沧桑记忆，至此"千帐灯"越出了"苦作舟"的机械和被动，表现出了进取和责任。作为一种精神符号，它所集聚的灯塔效应不断激励学子们发愤努力，而目力所及伏案读书的情景又进一步强化了这种学习的氛围。我们今天说，营造学习氛围何等重要，为此而煞费苦心的学校不乏其数，因为氛围的形成在教—学过程中发挥的不是事半功倍而是四两拨千斤的作用。姑且不论生硬的学习氛围是否符合教育性原理，唯氛围的内驱力量可以为公为民族，也可以为己为精英，其失已非毫厘，其差又何止千里？至于"多得一分，干掉千人"的条幅横挂在校园，堂而皇之走进教室，以同桌间的零和竞争为动力，岂止是荒谬，那完全是反教育了。这样的学生走进社会也绝非一句"精致的利己主义者"可以概括，他们对社会的消极影响恐怕也不是一代人可以消解的。

幸运的是，"夜深千帐灯"中的于漪和她的同学之间建立了难得的情义。食堂偶尔供应青菜炒肉片，有零星的荤腥，算是当年的佳肴了，同学间没有挣先抢食的，先吃的总会为后来的留下一些菜。而打饭呢，每个人都浅浅地盛一碗，让后来的同学也有足够的量，一碗吃完发现还有就再去打一点。人贵有教养，民贵在能群。在"一切为民族"校训的感染下，于漪习得了社会人的珍贵品质。

十二、讲台上空无一人，脑海中岂止师影

教师以讲台为舞台，心中装着梅兰芳的教师更会着意台上人的风貌。平日里，我们看惯了讲台上的热闹，上面布满了教师频繁活动的轨迹，它诚然是教师职业活动的写照。奈何热闹的是讲，模糊的是形象，依着《百家姓》数一遍，我们似乎很难确定一个凝固的教师形象。唯当讲台净空之际，才会从聚光灯后闪现那些华丽的身影，或真挚，或秀美，或良善，或高贵……无中生有何以构成审美意象，想来就是这个原因吧？至于够不够得上梅兰芳的品级尚当另论，师者风貌却可见一二。

　　黄老师大学毕业不久，架一副金丝边眼镜，着一件飘逸长衫，西装裤脚露在长衫外面，足下一双皮鞋，英气潇洒堪比孙道临饰演的萧涧秋。这是教师打动学生的书卷气和时尚范，过了一甲子它仍然刻在于漪的脑海中。黄老师教语文，那风范与这门学科正是门户相当。这位黄老师可不只是潇洒，他跟于漪他们讲《少年闰土》："深蓝色的天空，一轮金黄的圆月，一片一望无际的碧绿的瓜地，就在这月下瓜田的美景下，突然出现了一个少年英雄。这个少年英雄出场是动态的，他手握钢叉，向偷瓜的敌人——猹，奋力刺去……讲着讲着，黄老师的语调深沉起来，说到中年闰土，他哽咽了，那是怎样一个苦人儿的形象啊！泥塑一般，生气全无，原本圆活红润的手而今像松树皮一样皴裂，似乎看到他的裂口在往外渗血……我低着头不敢看老师，害怕老师流眼泪。然后，他又调整一下站立的姿势，剖析少年闰土和中年闰土为何判若两人。这位老师深深地感动了我，每堂课他都那么全身心投入，与文中的人同悲同喜，那种眼神，那种手势，那种语调，经常在眼前晃动、萦绕。"[1] 讲台上

①于漪. 岁月如歌 [M]. 上海：上海教育出版社，2007：14-15.

的教师需要美的形象，但是更需要授业的投入，不投入怎么可能感染人？于漪后来说把课上到学生的心坎上，就是这种投入，如此作品所内在的思想就通过于漪回忆中说的"眼神""手势""语调""在眼前晃动、萦绕"到达学生心中。我们今天提出的对话理论，与文本对话、与学生对话，不正是这个意思吗？

这位黄老师还有一个特点："他下课从来不匆忙离开教室，总是和同学谈这谈那，谈得最多的不外乎课外阅读，讲到刘延陵的新诗《水手》，他会情不自禁地朗诵起来。如今稍一回忆，那对深沉的眼睛还在放着异彩，那里面藏着对文学、对生活多少的热情、多少的爱啊！"常常听到成人之间的调侃："朋友，朋友，是要碰的，不碰也就没了友。"师生之间的空间距离和心间距离是教育中的"魔鬼"，它们之间相互转换、相互引导，不仅是教师了解学生的过程，也是学生走近教师，进而心悦诚服接受教师影响的过程，所谓亲其师信其道。有的教师自视职业化，上完课收起课件教材转身走人，既不遇心，也不见人，错失的何止是知识？因此，课余时间教师多主动走近学生，这是打开教育大门的一把钥匙。进一步地，生活中的教师以什么感染学生？知识、才艺、

文化眼界。虽然不同时代的学生有不同的时尚追求，但哪个时代的学生不崇敬博学多才的教师？黄老师的长袍底下是一个读书人的品味和情怀，这是师者的基本素养。

说起风度，赵老师有名士气派。这位教国文的老师时常不带课本，授课并没有什么特别的章法，但满腹诗书，讲到投入时喜欢望着天花板，或两眼停在窗外，好像那里正上演着精彩的故事，而学生们呢个个听得津津有味。赵老师虽然不传授国文学习的什么方法，而学生却在"无法"中学到了"大法"。

教李密的《陈情表》，赵老师没看一眼课文，逐句疏通解释，旁征博引。讲到"外无期功强近之亲，内无应门五尺之童，茕茕孑立，形影相吊"，赵老师身体稍作前倾，伸出右手，食指左右来回摇晃，放缓节奏慢声说："茕（qióng），茕（qióng），不能读错，也不能写错。"随即转身在黑板上写下大大的"茕"字，边写边说："和贫穷的'穷'一个读音，下部是'卂'，不能看走眼，看成'凡'，不是撇，是竖——笔直的。"转回身，面对着全班同学："穷，脊梁骨要硬，笔直的。'茕茕孑立'就是生活孤单无靠。"边说边有意从佝偻含胸状慢慢张开身躯，做了个笔直的姿势。这个细节生

赵孟頫书《陈情表》

20 世纪 40 年代中期的数学，几何出名的是《欧氏几何》，代数则是《范氏大代数》

动极了，令于漪久久难忘。

"穷，脊梁骨要硬，笔直的。"不满十个字，道尽了中国人的精神风貌。在古人眼里，穷富与知识关系不大，与精神追求更扯不上什么联系，而是与命相连。但是未必每个人都会听天由命，穷而苟且甚至为害乡里的凶恶也时有出现，这就需要引导民众面对穷富的价值选择。孟夫子就说"富贵不能淫，贫贱不能移"，这里的"移"作使动用——使之改变、动摇。改变的是什么？身形和姿态。动摇的又是什么呢？意志也。合在一起不正是脊梁骨硬么？颜回贤，陶潜逸，中国读书人，自古以来富的不多，多是落魄书生，或者干脆就是一个穷书生，却崇尚人穷志不穷，居陋巷、处山野，不为五斗米折腰，正是穷亦有志。这位赵老师展现的何止是名士风采，面对一群豆蔻少年，他把中国人守身之道展示得恰如其分。这是语文课？还是道法课？是历史课？还是艺术造型课？"食指左右来回摇晃""穷，脊梁骨要硬，笔直的"，一位师者就此定格在了讲台之上。

于漪经常说"我就是语文"，即是说，通过教师的所言所行，把前人的历史文化精神财富展现给学生，久而久之这些文体知识会成为学生内在的品质，化为教养，这才是师之要义。她多次在文章中说："中国的语言文字的特点是非常形象，一个象形字就是一幅画。""你讲的是字形，但是你把人文内涵讲给他听，字的背后，词的背后，句子的背后有什么意义，对孩子来说，认识也提高了，情意也丰富了，字也记住了，词也记住了，一辈子都有用。"① 这"一辈子都有用"的道理让于漪记住了赵老师；而我们却看到了舞台上如梅兰芳一般的于漪。看风景的人成了风景，这就是教育的风景。

据说，20世纪90年代整个上海公办高中能用英语上数学的老师没有几个，进入新世纪上海一度倡导双语教育，最后却不了了之，其中最大的挑战就是缺少既掌握学科又真正能用外语授课的教师。而当年于漪倒是遇到一位这样的高中老师。毛老师教数学，上课很严肃，不苟言笑，但素养高，课教得极好。几何课，他画坐标无需直尺，画得笔直；画圆无需圆规，兴手就来，同学们很崇拜他。高二上代数，这位毛老师用的是范氏大代数原版教材，刚开始还是用汉语教学，渐渐地全用英文

①中共上海市教育卫生工作委员会，上海市教育委员会，上海市中小学幼儿教师奖励基金会．一生秉烛为教育［M］．上海：上海教育出版社，上海教育音像出版社，2017：13．

授课，学生居然也跟得上。

用英语授课还在其次，可贵的是，毛老师上课思维敏捷，条理清晰，语言简练，推理严密。这是数学学科的内在语言。许多人工作之后学过的数学知识多忘了，但合乎逻辑地思考、有条理地组织材料、有层次地叙述、清晰明了地表达，既是数学的功底，也是各种学习研究的基础，甚至是一些专业行为的内在要求。读过于漪作品、听过于漪讲座的老师多有共同的体会，于漪所论，主旨明确，条理清晰，层次分明。如今已到鲐背之年的于漪，即兴讲话几十分钟，不用提纲，精彩纷呈。除了长年的文化积淀、专业思考，我们依然能够清晰地感知于漪出众的数理逻辑素养，其中有没有镇江中学毛老师的身影呢？

进入教学专业环节，于漪一直强调课要上得"一清如水"，就是要去除课堂教学中低效甚至无效的内容，减少废话，聚焦教学主题，简洁明了。这些专业见解既有于漪个人的理论总结和实践反思，也多少可以在毛老师的数学课上找到影响的线索。

对于我们大部分人来说，未必有机会遇到黄老师、赵老师、毛老师，并非我们不在镇江中学读书，也并非

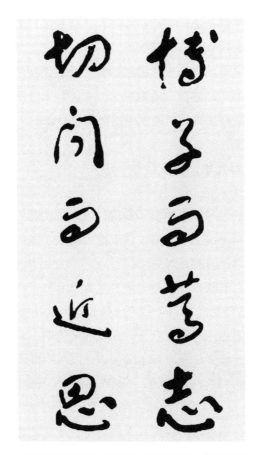

于右任书写的复旦大学校训：博学而笃志，切问而近思

我们没有生活在 20 个世纪 40 年代。逝者如斯夫,不舍昼夜,过去的学校非眼前的教育,昨日的先生亦非今日的教师,重要的是需要从曾经的教师身上找到师者所需要的内在品质。讲台上看似空无一人,却无处不是梅兰芳的身影,举手投足之间于漪站在我们眼前。

十三、日月光华,旦复旦兮

勤勉的学习没有辜负于漪的付出,她顺利考入了复旦大学,再一次走进上海。这一次上海成了她的家,于漪登上了自己的教育人生。

复旦人喜欢以“日月光华,旦复旦兮”来称颂自己的母校。这句话出自《尚书》的《卿云歌》。这里的“旦”,是明亮的意思;“旦复旦”,即光明又光明。意谓太阳和月亮的光辉,日复一日永续照耀。复旦大学原为复旦公学,由著名教育家马相伯于 1905 年创建。马相伯是“西学东渐第一校”徐汇公学的首批八童子之一,自幼苦学,认识到“自强之道,以作育人材为本;救才之道,尤宜以设立学堂为先”,于是毁家办学,虽屡经挫折,其旦复旦兮之图强抱负流淌在了复旦人的血液里,这是就读书的目的而论。此后，毕业于耶鲁大学的李登辉接任校长，他依世界名校定校训的惯例，从《论语·子张》中选出"博学而笃志，切问而近思"，作为复旦的校训。在中国，读书可以明理，读书也就有更多的责任。学是为了做大事，做事离不开读书，这是关于读书的认识。而怎样的知—行是恰当的呢？那就是学、思、问、行的结合，这是就读书的方法而论。解决了目的、认识和方法，读书人得到了安身立命的根柢。复旦历史上唯一一位女校长——谢希德院士，海外学成归国，文革中被关进"牛棚"，清扫厕所，却不出恶语，她洗的厕所是全复旦，甚至是全上海最干净的。有人怀疑她是美国特务，让她交代回国的动机。她的回答："因为我是一个中国人。"到了20世纪80年代，复旦学生一面请谢校长写赴美留学推荐信，一面问她为什么放弃美国那么优渥的研究环境回到国内吃苦。谢希德回答："因为我是一个中国人。我的根在中国，我应该为中国服务。"再到后来，谢希德对研究生新生做开学致辞，没有套话但闻者印象深刻："从今往后，理科的学生每天要在实验室过；文科的学生每天要在图书馆过……"在实验室过的学子日后如何我不清楚，在图书馆过的有一位我认识，亲口

"师生问难"中的算板

跟我说了这段话，他就是被誉为"哲学王子"的王德峰。转眼，"王子"也已经退休，而他活跃在社交平台上的教学视频依然启迪着爱智慧的年轻人。诚哉，"日月光华，旦复旦兮"，落在《尚书》中一个民族两千多年的文脉，就这样活在一代又一代学人身上。善哉，"博学而笃志，切问而近思"，两千多年前大师弟子间的问对，延续在读书人身上。跨入复旦的大门，于漪深受其熏陶；迈出复旦的大门，于漪示范其精要。

说来读者可能会诧异，"著名语文特级教师"的于漪在复旦读的竟是教育系。岂知当年复旦教育系是人才济济，学贯中西，如曹孚、萧承慎等，而日后人们所看到的高校格局主要是 1952 年院系调整之后所形成的局面，经此调整复旦教育系转入华东师范大学，首任教育系主任便是曹孚。

庆幸的是，读教育的于漪在复旦遇到了散文家和诗人方令孺、作家章靳以、历史学家周予同等名师。这些当年的授课教师、日后的文史大家，他们的课不仅拓宽了于漪的视野、增进了于漪的学识，更多的是的陶冶了于漪的人格。

周予同其时已是享誉学界的经学大家，给于漪他们

讲中国通史。虽然只讲了先秦史部分，但是学识之渊博，史料之信熟，令课堂上的学生叹服。"一节课教下来，黑板上的字满满的，角角落落不留一点空隙，边讲边写，好像从心里流出来的一般，熟透了。"①过来的人都知道，以听课为目的，听来的知识早晚都会还给先生，而课堂留给自己的是什么？一是思维，二是感悟。思维问题此前已多有论及，那么感悟呢？有教师的情怀，有讲台的风貌，有治学的态度。热爱教育、尊重学生，是情怀；嬉笑愠怒、不苟言笑，是风貌；认真严谨、融会贯通，是态度。"周教授教通史，与众不同，他用的是深入挖掘、精雕细刻的办法，先秦那段经学教得细致、周详。许多史实课本上是没有的，周教授脑子里好像有资料库，一翻展出来，井然有序。毕竟与那个时代距离两千多年了，单是人名、地名就那么难记，那么拗口，周教授讲起来却极其顺溜，如数家珍。由此我也悟到了什么叫做学问。"周予同的课虽然只有一个学期，只讲了先秦历史，但博学一项便让于漪领悟了师术的先决条件，此后一辈子刻苦钻研；而史料的信手拈来让于漪明白了学问来不得虚饰。

---

① 于漪. 岁月如歌 [M]. 上海：上海教育出版社，2007：20.

　　讲台是课堂的标志性符号，因此我们喜欢用"讲台"来指代教师的职业人生。其实讲台还有更深一层的"权力"内涵，对于讲台的权力分析似乎缺少必要的关注。离开讲台的"这一个""那一个"都是自然人，即令对方有学问、有见解，但是周围的人听与不听、信与不信各随己便，互不相干。而设若"这一位""那一位"走上了讲台，面对一群年龄、心智与自己悬殊的对象，你依然说那一堆话，其效应可不是等量齐观的。这就是为什么我们今天一再强调教师是社会公职，有其内在的道德要求和道德规范。有的老师以为站上讲台就掌控了话语权，自己说了算，还借着课改为自己找来一顶高帽子——"我的课堂我做主"——权力越发之大，糊弄几个娃娃有什么难的？天花乱坠，海阔天空，殊不知虚饰其表不仅涉及职业道德问题，也终会因浮夸而被学生所识破。且看讲台之上，站着先生周予同；讲台之下，坐着后生于漪。后生从先生那里清晰地、清醒地领悟了成为好老师的要旨：尊严而惮、学而有信、诵说无陵犯、知微而论。周予同示范了，于漪做到了。

　　早年，无论是北大红楼，还是清华国学院，或是西南联大，不少大教授多给学生开一门大课，却只讲一小

复旦求学时期的于漪，青涩难掩光华正气

段内容，日后引来学生遗憾声声。那是不是老先生授课
的策略或待考察，其实对于先生来说课是讲不完的，而
对于学习活动来说课也不是用来听的，授课活动是先生
以自己的学识向后生演示知识的学习过程，最终需要靠
学者个人的主动钻研。一小段内容，讲一长段时间，多
能比较充分地演示治学的脉络，这或是教育学上的要领。
唯能不能驾驭这"一长段"和"一小段"，全凭师者功力，
岂是我的课堂我做主之辈天马行空所能？

给于漪讲教育史的恰是曹孚。曹孚是罗店本地人，
一路考学出众，早在 20 世纪 30 年代即在复旦教育系就
读，因成绩出众留校任教。抗战结束后曹孚赴美深造，
学成即回母校从教，并于 1951 年在博士论文基础上正
式出版了《杜威批判引论》。日后成为华东师大校长的
刘佛年认为"这是我国学者对杜威思想的第一次最系统、
最详尽的批判"[1]。作为华东师大首任校长的孟宪承则
称："曹孚是真正懂得杜威的！"[2] 就是这么一位霸气十
足的复旦副教务长，在于漪她们眼里却是一位平易近人
的先生。"天逢下雨，他总戴一顶铜盆帽，穿一件米色

---

[1][2]杜成宪. 大夏教育文存·孟宪承卷 [M]. 上海：华东师范大学出版社，
2018：4.

雨衣，脚蹬一双套鞋来上课。讲课时会习惯性地把左手
叉在腰间，右手伸直指着黑板。于是，构成了一幅生动
有趣的画面。帽子是茶壶盖，左手叉腰是茶壶把，伸直
的右手是茶壶嘴。于是，学生亲昵地称他为'茶壶老师'
（因'曹孚'与'茶壶'可谐音）。"①

曹孚的课不仅对中外教育史如数家珍，对教育问题
的认识多有独到见解，学生的笔记满满当当。"曹教授
教世界教育史时，手无片纸，口若悬河，各个国家教育
的发生、发展，特点、利弊，讲得具体生动有理有据，
似乎他在那些国家办过教育一般。学生没有教科书，全
靠记笔记，不仅听时要全神贯注，而且笔记要记得快，
记得清楚。两节课下来，手的肌肉紧张得都会抽筋，臂
膀也酸得够呛。一学期结束，两本厚厚的笔记。考试结
束，曹教授向我索取笔记，没多久，就以此笔记为基础，
出了一本世界教育简史，书的扉页上写着'于漪女棣指
正 曹孚'。我如获宝贝，珍藏起来。"②"茶壶老师"
的功力和于漪的认真由此可见一斑。

从读书起，于漪就是一个好学生，除了自身聪慧、

①②于漪.岁月如歌［M］.上海：上海教育出版社，2007：21.

好学、要强以外，不同的学段为于漪后来的发展奠定了不同的基础与素养。她曾自述："中学求知，如驾轻舟徜徉在湖面上，湖水晶莹澄澈，令人心旷神怡，又如棹扁舟在清溪上荡漾，两岸风光旖旎，美不胜收，忽又溪回路转，柳暗花明，教人应接不暇。大学求知，则如临广阔无垠、烟波浩渺的知识海洋，时时令人望洋兴叹，但有时又有乘长风破万里浪的感受。在老师的教导下，自己成长起来，似乎心胸日益宽广，丰富的知识，'给我狭窄的心，一个大的宇宙'（冯至《十四行集》）。师恩浩荡，刻骨铭心。"[1]此言不差。

值得强调的是，于漪的专业成长路径有别于传统的师范教育，倒是与教师教育相吻合。于漪一直说自己是学教育学的，转行先教历史继而教语文，言困难之大。所说是实情，表明于漪在教师岗位上付出了更多。问题是，有的老师对自己所教学科也下苦功钻研，却未见更专业，反成"跛脚者"。[2]

根据师范教育的设计，所教基于所学，语文老师应

---

①于漪. 岁月如歌 [M]. 上海：上海教育出版社，2007：21.
②陈桂生. 师道实话（增订版）[M]. 上海：华东师范大学出版社，2012：18.

2018 年 5 月 16 日，看望于漪之际与黄老师在家中客厅小书桌前合影

从文学系毕业，历史老师应从历史系来，这也确实是我
国教育发展所走过的实际历程。只是教师的职业除了传
授知识"授人以鱼"，还需要启迪思维自我学习，即"授
人以渔"。当知识的传播和更新还处于缓慢低速的时候，
"授人以鱼"似乎"程咬金的三板斧"也能发挥功效；
而当知识广泛普及、日新月异之际，所授之鱼即生即灭，
君不见目下早已不是"农民工"就业难，而是"切实解
决大学生就业问题"，以至于不时听闻名校研究生、博
士生毕业后自谋小贩、快递生计。因此，"授人以渔"
就比历史上任何时期都迫切重要。这个道理，古人早就
明白，问题是怎么才能做到"授人以渔"呢？无论是官
府之学，还是书院之学，并没有给我们明确的示范。直
到 20 世纪中期，哥伦比亚大学、哈佛大学等学校吸取
欧陆师范教育的经验，改造并建立起了教师教育体系，
要求从教者须先完成相应的学科学位学习，再经教育学
院两年时间的学习，方能取得教师资格，从而确立了"授
人以渔"的独立地位。

前文已述，于漪的文史知识一半是早期基础教育教
养的结果，一半是在岗位上刻苦学习、不断完善的结果。
而她本科接受教育学知识的熏陶和训练，恰好帮助她更

陈寅恪《元白诗笺证稿》书影

陈寅恪，中国现代著名学者，毕业于复旦公学，后游学欧美，民国时受聘于清华大学，被称为清华"四大国学导师"之一。王国维自沉昆明湖后，陈寅恪为其碑撰《王观堂先生纪念碑铭》，立于清华园，其中"惟此独立之精神，自由之思想，历千万祀，与天壤而同久，共三光而永光"为后世学人传颂。1949年后陈寅恪任教于中山大学。陈寅恪长期致力于史学研究，治学广泛，涉猎宗教、历史、语言、校勘等领域，著述丰富，其考据论证注重传承出新，晚年在双目失明状态下仍完成《柳如是别传》，备受学人感慨。其授业因博学，广受推崇，本人亦自言："前人讲过的，我不讲；近人讲过的，我不讲；外国人讲过的，我不讲；我自己过去讲过的，也不讲。现在只讲未曾有人讲过的。"可见一代学人风貌

182

好地理解学科教学的教育意义，使自己始终站在知识之上审视授业活动，从而更好地引领学生的思维，授人以渔。于漪的勤勉与清醒，成全了她的幸运。

十四、夫子黄老师

熟识的人都知道，于漪的丈夫黄世晔是复旦大学教授，当过历史系副主任，并受系主任谭其骧委托，主持过历史系行政工作。早先，关于黄老师的认知大体如此。偶尔因工作关系去于漪家，黄老师居室不出几乎连问候的机会也没有。间或黄老师走出房间，头也不抬，深怕干扰我们的谈话。始见黄老师身影，一普通长者，全无大学者架势，因见其动作迟缓，我不免向于漪问一声黄老师身体还好吧。于漪腼腆地说，他身体还好，见有人在就不出来，只有熟识的人才会搭几句话。顺着话于漪又说，逢年过节常有领导来，他就一个人跑出去，半天不回，等领导走了自己再上街把他找回来，天冷，也不知道跑到哪里去了。言语之间，都是理解与怜惜。一时脑海里浮出了陈寅恪的身影，黄老师早年确是西南联大的学生，听过陈寅恪的课。

　　此后，与商友敬去于漪家，黄老师与友敬师熟识许多，在一起聊了半天，这一回总算近距离分出了黄老师的神情。谈及彼时某君，黄老师淡定着脸慢悠悠冒出一句，某君现在厉害了，没有他不知道的，言毕，"呵呵"……再后来，钱理群来沪提出要去看望于漪，我陪着钱老师、友敬师同往，黄老师主动走到客厅，彼此开怀谈了许多，多是学界前人往事，很尽兴。以后去于漪家，我不时会凝视着墙上书橱里摆放着的那些旧书，想象着它们和黄

于漪《岁月如歌》手稿珍藏版封面

老师之间的各种联系，却终于没有向于漪开口提出这些问题。2019年底再登门时，黄老师已卧床不起，在卧室门口瞻望一眼，先前那个高大的身躯已变成一小段身体躺在被窝里一动不动，令人陡生伤感，于漪无力地说老伴近段时间身体不好。2020年初，新冠疫情突袭，我们都被要求居家不出，遂致电问候于漪。孰料，电话那头告诉我黄老师已驾鹤西去……令人伤心的是，根据防疫的规定不能聚集举行告别仪式，只能由家人到场简单地作一道别。电话这头的自己是声声唏嘘，未等我宽慰，于漪竟平静地先劝慰我，黄老师已过百岁，此番情景也无可奈何。诚然，我非黄老师弟子，也无缘受其教诲，所忆无非是有限的闲聊，但黄老师闲适、笃定的人生姿态，常常勾连起自己阅读中的众多夫子形象，他们是中国读书人的常貌，也是我们应对五色世象的护心秘籍。正因此，黄老师的离去令我伤怀，身边又失去了一位夫子。

众人都知道于漪，唯对黄老师的事所知不多。而在我看来，"这一个"于漪和"那一个"黄世晔是师者的共同体，不仅因为他们都从教，更因为他们相互扶持、相互坚守，成就了一个时代不同风格的师者。如果说，于漪展现了梅兰芳的事功唯美；黄老师则向我们示范了

夫子的好学笃志。事功唯美与好学笃志本是表里，互为映衬，它们构成了师者的精神品质。

关于"于漪"和"师者"的人种志研究，且要打住。笔者不由得自问：是于漪成就了"教师"呢？还是"教师"成就了于漪？回答有点难。说于漪成就了教师，那是因为她让今天的我们领略了一位时代师者的风貌；说教师成就了于漪，则是因为于漪全身心地把自己化到了为师的身份中，"师"所蕴含的社会、文化成分渐渐被于漪所内化，最终成就了我们这个时代一位名实相符的、鲜活的师者。诚不知，这样的解读是不是于漪自传性质的《岁月如歌》书名的底里？

跋

按今日的套语，自己从教逾三十载，同先生于漪老师比不得，但也不能算短了。当时的年代殊为不易，虽属夏丏尊先生所谓"家贫无奈做先生，命苦不如趁早死"的那种情形，机缘巧合入了教育这一行，一路行来年轻气盛有之，少夫轻狂不少，虽终日抱着几本泛黄的教育名作，却远未识得教育的堂奥。眼见即将跨入耳顺之年，却难以摆脱西人关于教育的各种围观，一会儿是课程，一会儿是评价，一会儿是这个素养，一会儿是那种关键，一会儿是知识图谱，一会儿是高阶思维……新词不绝，虽心知非玄奘之经，却亦未探得取经之道，难掩惴惴惶恐之羞。早年还有一些本分的学校和校长，安静地护校园、守讲台，可据说如今内卷蔓延，学校未能幸免，新词没搞懂，意思没闹明，花环数不清，热闹是热闹，教育还是不是那个教育，更感茫然。

究竟应该怎样思考教育？英国分析教育哲学家彼得斯（Richard Stanley Peters）捅破了窗户纸，指出教

育是不可定义的，原因在于教育是价值。这一观点的冲击力不亚于爱因斯坦的相对论之于牛顿力学，它使我们从既往的教育"过程论"，转到了教育"价值论"，这就为我们聚焦价值考察教育打开了一个全新的世界。这样的教育是怎样的呢？需要有样本，而样本从哪里寻是合适的呢？近代以前的教育，历史背景全然不同；当代教育，彼此雾里看花。因此，最好的样本是昨天的典型，它从近代走来，引导着明天的方向。于漪老师是最合适的一位。

我和于漪老师是先知道后认识。20 世纪 80 年代，我在上海市教育行政机关工作，于漪老师活跃的身影从耳闻到敬重，这也让我第一次见到于漪老师时先入为主地带着一些机械刻板的拘谨。那是 1996 年，我在《教育参考》杂志组织一个师德专辑，请于漪老师牵头，其实我是一点头绪都没有，电话联系过后于漪老师欣然接受，这令我长长地松了一口气。跑去学校，于漪老师已经准备好了详细的编撰提纲，这着实令我惊讶和感佩。讨论结束已近中午 12 点，于漪老师说，学校食堂没什么吃的，我们就在门口小饭店吃一点吧。那是当年因教育经费短缺，学校租出去的一个小饭店。于漪老师点了四菜一汤，简单却很实在。于老师说，自己平时都在学校吃，几乎不到店里来，那次是专门接待我们的。最后那一期师德专辑在于漪老师带领下，得到沪上知名校长方仁工以及郑金洲、范国睿几位仁兄的鼎力相助很顺利地编撰完成，许多学校为老师订购了人手一册，脱销后又添印了一次，前两年一位朋友还专门问我要去一册。

2002年，鉴于人文思想成为当时的社会关注点，经老领导、教育行家，曾任上海市教委副主任的尹后庆提议，我组织了《教师人文读本》一书的编撰，商友敬先生一听就很兴奋，说他愿意帮助我，并提议请于漪老师一起参加。我随即跟于漪老师联系，她又是慨然应允，每次会议于老师都提出具体有益的编撰意见，并且亲自挑选篇目，撰写导言。书出版后读者反响热烈，我忝列主编，受益良多。此后，钱理群先生走进中小学语文教育的实践，他提出了对话理论，希望我在上海组织一个语文教育对话理论的研讨，于漪老师接到邀请推脱了几个重要活动赶来参加研讨，作了极有启示的发言。2006年教师节，为了引导教师的专业自觉，为教师节注入文化元素，我组织了"现代教师恳谈会"，时任中国教育学会会长顾明远先生专程赶到上海参加会议，于漪老师

在会上的发言赢得了与会者的高度赞赏。

2008年春节过后，于漪老师打电话给我，听说商友敬先生病重一定要去看望。其时于老师自己已届八十，身体也非常不好，但是我能够判断于老师的看望对商老师会有多大的激励，所以陪同于老师前往友敬师家中。叙谈很欢畅，于老师的叮咛留在了她和友敬师手拉手的细节里，很感人。最后，友敬先生不幸逝去后，于老师又专门致电表示哀悼，还捎带鼓励了我，称我写的纪念长文有情感，这提醒了我，文字是用来表达真情的，不是用作表演的。

人生的丰富和精彩是你不知道下一刻的玄妙。不久我被招入高校从事教学和研究工作。二十多年的职业经历帮助我找到了生命的坐标，回到书斋是我最后的愿望，能进入师范大学从教我充满憧憬，只是由于自己的职业生涯总是半途出家，对许多问题准备不足，困难是必然的。于漪老师是听到了什么还是感觉到了什么，她突然打电话到家里，孩子接的电话，说"于漪老师找你"，孩子当然早就熟悉了这位教育大家的名字，对我做了一个慌张的表情。我以为于老师有什么特别的事项要找我，没想到她只是不放心，耐心地向我了解了工作的各项细节，同样是给了很多建议，出乎我意料的是，她竟然还托了自己熟识的一位本校领导，一方面向对方推荐我，希望关心我，还把我的手机号给了这位领导，最后嘱托我可以去主动联系，并告诉我手机号。虽然我从未动过主动联系领导的念头，但是于老师的那份心意让我通身温暖。记得钱理群先生有一篇回忆自己老师的文章"我还感觉到他的手温"，借用过来就是"我至今都感觉到她语气背后的温暖"。于漪老师对工作的敬业，对友朋的诚挚，深深地感染了我，回想起来，这些不都是师者的品质和风貌么？

以上所说总体属于我和于漪老师的私淑情义。但是更多的还是为工作、为事业的投入。为了更好地培养优秀青年教师，于漪老师把她带的一些弟子组织起来，通过对于老师新世纪以来的教育教学思想的总结研究，提升自身的专业水平，她请谭轶斌老师约我商讨，这就是后来在广西教育出版社出版的六卷本《于漪新世纪教育论丛》。

2015年教委决定开发上海教师教育书系，委托我负责。时任上海市师资培训中心主任周增为提出书系里边于漪老师的教育教学思想应该是重点，并且提出这应该成为"于漪教师教育系列课程"的核心内容。为此我们多次登门向于老师请教，经过反复研讨以及编撰人员的

共同努力，由于漪老师主编的《教育：直面时代的叩问》《教师：让青春在讲台闪光》《育德：滴灌生命之魂》《办学：追求理想境界》《语文：教文育人的沃土》五卷于2017年隆重推出，并且在当年的上海书展上举行了专场活动。上海教育出版社刘芳副社长接受了我的提议，以"拥抱教师的年代"为主题进行现场交流，于漪老师带着她的一众优秀弟子登台向全市读者介绍了自己的教育追求，反响热烈，现场读者排着长队等候于漪老师签名和留影。

2019年，上海市教委领导提出上海应该有一份以教师为主题的一流教育刊物，时任上海市师资培训中心党委书记、主任周增为热情地邀请我挂名主编，我推诿不过，只能勉力协助。创办一份刊物本不容易，还要办出水平和影响困难更大。几经酝酿最后定名《上海教师》，编辑部邀请于漪老师为刊名亲赐墨宝。于漪老师的字是有童子功的，她一笔一画极其认真地题写完成。编辑部又诚恳地把于老师的照片印在封二作"教师书房"专栏，这些都真实地反映了于漪老师在大家心目中的突出地位，《上海教师》创刊，于漪题词作为上海教师的符号，印在显要位置，再配以照片，反映于老师的职业生活，这都十分恰当。审稿讨论中我提出，于老师的题词很好，能不能把于老师的签名一起放上去，大家都认同。随后我提出，于老师为《上海教师》（其实也是上海教师）做了那么多，创刊号上见不到研究于老师的文字，会是一种缺憾，应该考虑。会场上我稍有激动，用了"这样处理不合适"来表述，可能给了编辑部较大的压力。过了一阵子，负责编辑部工作的宁彦锋编审很认真地跟我说，跟领导汇报过了，认为意见合理，也联系了熟悉于老师的一些人员，结果是无功而返。这对我是有点刺激的。未曾想，2020年年初新冠疫情突如其来，春节过后大家都居家不能出行，一时确实有点懵郁。帮助自己缓过神来的就是想到于老师的这篇文章。这个阶段令我反复回到上文提到的和于漪老师的各种交往历程以及一些难以忘却的细节，于是静下心来比较仔细地梳理于漪老师的教育思想。如此一来，关于于漪老师的评议就铺衍出来了，且有收不了手的感觉，越写越多，越写越长，心想这下刊物要难办了，竟然有两万字。我提出于漪老师是真正的师者，这和我们今天约定俗成所理解的"教师"在内涵、属性上有本质的不同，却有内在的联系，因此我把文章定名为《师者于漪》。

同时，我更确信沿着教师视角来考察教育不仅是教育学的一个重要新领域，而且与中国历史传统和本土特征相吻合，于漪老师的职业生涯和专业实践为我拓展教育学视野提供了鲜活、丰富的素材，这也是于漪老师在获得"人民教育家"荣誉之后，一再强调"不要研究我，可以以我为原点，去研究新中国教师成长的因素和规律"的原因所在。

不得不提的是，上海教育出版社的刘芳副社长看到《师者于漪》一文，不断鼓励、一再催促，希望我能够把文章转为出版物。又何曾想，2022年春起再遇防疫苦局，复成为我安心师者于漪研究的难得契机。脱稿之际，总算可以长舒一口气，不仅了却了埋在心底已久的心愿，更是庆幸以于漪老师为原点研究上海教师、中国教师，通过于漪老师找到并确认教育学研究的本土新路径，何其幸哉！

上海教育出版社职教分社公雯雯副社长及其他几位编辑为本书的编校付出许多心血，在此一并致谢！

吴国平

壬寅年七月

于沪上会心斋

图书在版编目（CIP）数据

师者于漪 / 吴国平著. — 上海：上海教育出版社，
2023.5

ISBN 978-7-5720-2014-8

Ⅰ.①师… Ⅱ.①吴… Ⅲ.①于漪－人物研究 Ⅳ.
①K825.46

中国国家版本馆CIP数据核字(2023)第084580号

总 策 划　刘　芳
责任编辑　公雯雯
书籍设计　陆　弦
美术编辑　蒋　妤

师者于漪
吴国平　著

出版发行　上海教育出版社有限公司
官　　网　www.seph.com.cn
地　　址　上海市闵行区号景路159弄C座
邮　　编　201101
印　　刷　上海盛通时代印刷有限公司
开　　本　787×1092　1/32　印张7　插页4
字　　数　112千字
版　　次　2023年6月第1版
印　　次　2025年2月第3次印刷
书　　号　ISBN 978-7-5720-2014-8/G·1807
定　　价　68.00元

如发现质量问题，读者可向本社调换　电话：021-64373213